让自主与合作之花在细节打磨中绽放

刘义珍 贾张杰 李振 ◎ 著

吉林文史出版社
JILIN WENSHI CHUBANSHE

图书在版编目（CIP）数据

让自主与合作之花在细节打磨中绽放 / 刘义珍，贾张杰，李振著. —长春：吉林文史出版社，2022. 8
ISBN 978-7-5472-8738-5

Ⅰ. ①让… Ⅱ. ①刘… ②贾… ③李… Ⅲ. ①中学教育-教学研究 Ⅳ. ①G632. 0

中国版本图书馆 CIP 数据核字（2022）第 156029 号

让自主与合作之花在细节打磨中绽放
RANG ZIZHU YU HEZUO ZHI HUA ZAI XIJIE DAMO ZHONG ZHANFANG

著　　者　刘义珍　贾张杰　李　振
责任编辑　李　鹰
封面设计　琦　琦
出版发行　吉林文史出版社
地　　址　长春市福祉大路 5788 号
邮　　编　130118
印　　刷　长春市昌信电脑图文制作有限公司
开　　本　850mm×1168mm　1/16
字　　数　240 千字
印　　张　16
版　　次　2023 年 6 月第 1 版
印　　次　2023 年 6 月第 1 次印刷
书　　号　978-7-5472-8738-5
定　　价　75. 00 元

细节的实质是认真的态度和科学的精神。

——卷首语

|序|

我一直以为，生活处处皆学问，特别是教育教学工作这门“建筑”学问尤其深邃。

翻阅李镇西、魏书生等教育名家理论，走过江苏洋思、聊城杜郎口、河北的衡中，愈发觉得自己像尘埃一样渺小，也曾默默无闻像小草一样点缀过一方热土。日复一日，年复一年，二十四年的语文教学工作、十八年的班级管理、八年的级部管理，平凡到不能再平凡的日子，每一分钟我都是用生命在跳舞，用激情在歌唱，认真把教育工作做好，努力把城乡接合部初中的教育教学管理做出成绩。

随着社会经济结构变化，城镇化进程加快及中小学校布局的调整，为满足城郊及进城务工子女入学，积极促进基础教育的均衡发展，努力办好人民满意的教育，齐河县政府选择在齐河县城建立齐河县第五中学，面向县城和农村学校招生。城乡接合部学校的学生来源、学习状态、行为规范、心理变化、人际交往等参差不齐，如何针对学生特点，改进和加强学生的教育管理，是当下教育行政管理部门及学校、社会共同关注的问题，因此，创新办学模式的理念应运而生。

齐河五中是一所成立九年的城乡接合部初中学校，建校第二年我从乡镇中学连同本乡镇的学生一起合并到这所年轻的初中学校。因为在乡镇从教十七年，亲眼见证、亲身经历了乡镇教育的发展历程：生源流失，教育资源稀缺，学生没有积极学习的环境和动力。相比之下，县城的孩子从小接受的就是比较规范的教育，家长重视、教师重视、学校重视，课程全面，知识面广，除了文化课知识外，家长还注重培养孩子的特长，但他们的生活依赖性比较强。这两种环境成长起来的孩子融入一所学校，一个班级，一个小组，一起度过人生的青春期，势必会发生摩擦，而恰恰是摩擦，才激起教育管理者思想的改变，教育的智慧也往往就酝酿于此。

每个人都是自己的命运建筑师，学生是，教师也是。从自主与合作入手，寻找能够激发师生自主学习、合作共赢的细节，并用心去打磨。特别是教师之间、师生之间自主合作的细节关注，要从平时喊得最多的学生自主合作中警醒起来，因为主导者的思想境界、知识能力和方式方法直接决定着主体者学生梦想的高度、知识的深度和方法的灵活度。

对学生的自主合作细节研究，有学习、有探索、有推行。学生合作能力的提高主要体现在小组的精细分工和加减分的制度约束上。学生的自主管理能力的提升，班级层面的值日班长轮流评价制度起到了很大的作用。人人当班长，一日一报一评，同学们根据值日班长的当天表现和汇报给出ABCD四个等级的合理评价，B以下不合格，第二天需要重新值班，接受大家监督。被评价的班长需要背对同学们，以避免本人尴尬。“班级是我家，我要维护它”的主人翁意识在循环的值班中得以加强。

对教师们的成长应注重终身学习思想的渗透，躬身示范，说给教师们干，干给教师们看，将自主学习的意识根植于每一位教师的血液里，只有这样我们才会有让学生学习的底气和资本。一个人独行或许可以走得很快，但结成团队可以走得更远。与同学科的教师合作，与同一学校的教师合作，与志同道合的教育人合作，与学生们合作，在合作中享受思维碰撞的幸福与快乐。有了自主学习的思想和合作共进的意识，对课堂教学细节的打磨也就顺利铺开，走向纵深。候课怎么候？课前2分钟站在教室门口不叫候课。备课备什么？有些必要的环节和内容必须要“背”下来。授课什么时候站讲台？讲评课怎么上？哪个环节应自主？合作是否分工细到人？反思是否及时客观？制度评价是否到位？学校和级部以自主合作为抓手，在精细高效上做文章。教师们终于不再下蛮力，开始琢磨教学细节，会用巧劲儿轻松驾驭课堂，会智慧处理课堂偶发事件，教学成绩突飞猛进。

可以说，教育教学关于自主与合作方面的大小文章有很多，但总感觉需要结合我们五中的实际，把我们的自主与合作做成课题，深入研究，让更多的人、更多的学校受益才对。由我主持的“自主与合作对于提高中学生综合素质”的研究，立足五中学生现状，从自主与合作入手，探究大面积提高城乡接合部中学生综合素质的方法，目前已进入结题阶段。“初一小组合作学习中养成良好心理品质”的研究由李振老师主持，完成结题。这一课题的研究成果对初一学生小组合作的心理干预作用有详尽的阐述，对学校、级部、班级层面的学生管理有很强的实用性。

齐河县第五中学于2013年开始建校招生，九年短暂而又漫长的时光见证了一个中学从无到有、从有到大、从大到强的成长历程。近几年，在五中教育教学工作中，自主与合作的细节打磨取得了显著成效，教学成绩直线上升，外地的学校前来参观学习，多家新闻媒体纷纷报道，学生的综合素养得到提升，教师们的自主与合作意识越来越强，家长对学校的满意度越来越高。一代人有一代人的担当，一代人有一代人的使命，我们的担当和使命就是——

让齐河五中成为别人仰慕的学校！

刘义珍

2021年10月

目 录
CONTENTS

自主与合作细节打磨之教育管理篇

自主与合作细节打磨之教学探索篇

自主与合作细节打磨之教学践行篇

自主与合作之课题研究篇

自主与合作细节打磨之绽放光芒篇

自主与合作细节打磨之畅想未来篇

自主与合作细节打磨之
教育管理篇

第一部分 “抹布风暴”引起的思考

二〇一三年的八月，齐河五中在风景优美的大清河畔落成招生，六十个班的办学规模，远超当时的兄弟学校齐河三中，令当时势头劲猛的两所私立初中——鼎新中学和文玉外国语学校也倍感压力，社会期望值之高可想而知。第一年的招生相当顺利，绝大多数的县城区域内的学生家长抱着对新学校的憧憬选择了齐河五中。

第二年，祝阿镇中学、安头乡中学、焦斌镇中学三所乡镇中学的部分教师和全部初三学生并入五中，给这一所刚刚成立的城乡接合部初中带来了很大的冲击和影响。县城的学生家长因为孩子即将就读的学习环境和教育教学管理等问题，不再观望，纷纷转入其他三所学校读书。当时的五中承载着全县老百姓的期望，学校年轻，教师来自四面八方，平均年龄小，有创新意识，最容易管理，也最容易出成绩，就像一张白纸，任意泼墨，管理者可尽情施展自己管理的才华。这一年，我是一名普通的语文教师兼班主任，分管2014级学生的教学工作，我在日常教育教学管理中用心观察，注重调研，将发现的问题及时积累，珍惜外出学习的机会，把学到的经验与本校的实际相结合，心里暗自较着一股劲：尽自己最大的努力，把五中这所学校的尊严树起来。

天下难事，必作于易；天下大事，必作于细。道理懂，但找一个能同时抓住两种环境成长起来的孩子的契合点，在当时真费了心思。这个契合点不仅容易操作，还能够透过这个细节把他们润物无声地融合在一起。抹布！对，就从一块抹布抓起，让城里的孩子自己的事情自己做，让农村的孩子学会守规则。找准契合点，立马行动，开学第一要事就是：人手一块抹布。抹布怎么叠，擦哪里，擦完放哪里，什么时间洗，一天用几次……“21 天好习惯养成”计划开始实施，现在五中的学生标配：小平头，马尾辫，亮丽校服和抹布。

三年前，有四年的五中工作经历和工作激情的我接管了 2018 级整个级部学生的教育教学管理工作，自主与合作细节打磨开始提上教育日程，五中教育改革之门就这样被一块抹布悄然推开……

｜第一节｜建校之初的城乡接合部“五中”现状

九年前的齐河五中，是一所由政府出资兴建的公办中学，建校第一年招生火爆。

第二年开始，随着乡镇中学的并入和管理机制的被动，招生出现滑坡，在校学生流失现象时有发生，后来连续几年出现打电话拉生源的问题。我就是这一年进入的五中，当时学校给我的感觉就是：大而不强，新而不锐。

学生管理基本靠“喊”，没有模式规则可言，班主任各自为政，自己班里的学生不出事就行，没有“一个年级一盘棋，一个学校一大局”的意识，学生管理工作无法正常到位，新建的教学楼三年时间里蜘蛛网纵横交织，卫生工具乱扔乱放，下了课教室内外菜市场一般嘈杂。如果一线管理不严不细，后方宿舍管理就容易出问题，各种学生违纪现象屡见不鲜。

与此同时，私立学校发展势头迅猛，鼎新、文玉和三中基本形成三足鼎立之势，社会认可度相当高。

落后就要挨打！起步就是死亡？每每想到这些，我的心情异常沉重。

在夹缝中诞生的齐河五中如何才能生存和发展下去呢？

“好学校来自一分细节和九十九分的荣誉和成绩。”

读万卷书，行万里路，《教育的细节》给了我莫大的启迪。

“细节于悄无声息处极大地改变着人性，而细节恰恰是我们今天的教育最容易忽视和忽略的，所以教育最大的失败，莫过于没有足够的耐心来做好每一个细节，从而达到呵护人性的目的。”

荣誉就是尊严，成绩代表实力，求生存，求发展，从细节入手，从一块抹布抓起，打开捍卫五中所有师生尊严的大门。

第二节 从学生“自主管理”与“合作学习”入手探索细节管理

城乡接合部学校受城市和农村双重效应的辐射作用，具有城市和农村的双重特征。这里的学校虽受城市文明的影响，却没有城市学校深厚的文化底蕴，这里的学生大多数生活在农村，但他们的生活与城市学生没有本质的差异，他们思想开放，接受新事物的能力很强，传统观念在新形势下受到强烈的冲击，他们对文化生活的追求越来越高，然而学校在基础建设和校园文化建设等方面，依然无法满足师生的需求，这就对学校管理、教育教学工作带来了新的挑战。

褪去小学生稚气的外衣，初中的学生俨然一副小大人的形象，自我展示欲望比较强，在这个年龄阶段树立他们的自主管理思想，让他们参与教育教学管理工作，可以培养他们的管理能力和自我约束能力，达成自我认识、自我激励和自我调控的目的，这样有利于学生更加明确地认识到自己的责任和义务，学习目的更加明确，自觉性更强，从而取得更好的教育教学效果。

成立级部学生会。让学生参与整个级部的日常事务管理，这是体现学生自主管理的最有力方式。成立级部学生会，竞聘上岗，分纪检部、宣传部和卫生部，设主席、秘书各一人，负责整个级部从早晨激情朗读到晚上放学期间的全部工作。

设定值日班长制度。让学生参与班级日常事务管理，这是体现学生自主管理的最基本内容。学生是班集体的组成成员，对班级事务最有发言权。如果能在班级管理中体现学生的主体性，那么，班集体的运转就会呈现良性发展趋势，从而使班级建设朝更好的方向发展。每天设值日班长一名，轮流值班。值班当天负责班级全方位工作，填写好《值班日志》，每日一总结一反思，有“自评”和“他评”，评价等级分为ABCD四个档，被评价为C及以下的值日班长为不合格，需要第二天继续为班级服务，直到他评B及以上。值日班长制度公平公正，真实体现了学生的主人翁意识，也让学生体会到管理者的权威性和艰难性。当然，在这期间，肯定会遇到性格特别内向、语言表达能力或观察发现问题能力欠缺的学生，这时候一定要做好不同学生的思想疏导和心理调适工作，既不能打击学生的工作积极性，又要保证工作的高效开展。

实行小组长负责制。

人人有事干，事事有人干。增设岗位，一个萝卜一个坑。班里有多少学生就设多少个岗位，如设立宿舍管理、课间纪律巡查、个人卫生督察、黑板报编辑、班级社团团长等岗位，劳动卫生岗位化整为零，哪怕是擦黑板也要划分开，分工明确，要么按时间分，要么按黑板的面积分。也就是说，在班里哪里出了问题，责任直接到人；得了荣誉，功劳归属十分明确。这样一人一岗，各负其责，全班同学人人有事干，主人翁意识及集体荣誉感迅速提升。

学生评价教师。学生是服务的对象，评价教师，学生最有权利。学生可以全方位立体地评价教师：课堂教学、师德行为、工作态度、工作能力等。开始时有人担心学生评价有失公允，因此，对学生评价教师的做法一直有不同的声音。本学期由学校统一操作，发出相应的调查评分表，让学生对各科任教师包括音体美教师进行评价。事实证明，对教学工作认真负责、教育教学能力强、关心热爱学生并能指导学生开展好活动的教师都能得到学生的认同，学生的评价有着基本的合理性和科学性。学生自主参与教师评价的方式促使教师重新审视和调整自己的教学，真正达到教学相长的目的。

“教育之所以伟大，是因为它主宰着未来。”这句话道出了教育的实质，即教育是培养未来人的事业。新时代的教师应尊重学生的人格，给他们提供成长的环境和土壤，搭建多种多样的实践平台，让他们以主人翁的身份参与各种教育教学活动，学生的各种能力日积月累、潜移默化地在实践中就得到了锻炼。

｜第三节｜班级细节管理改革“小荷”效应初显

2018年由一块抹布掀起的细节管理风暴，到今天已有3年，虽然是“小荷才露尖尖角”，但它给五中带来的变化却是很大的。

一、第一学期期末考超越三中

2018年的五中发展正处于最低谷，招收偏远地方学困生难度不大，但优秀生源流失极为严重，基本被鼎新、文玉和三中三所学校包揽。托关系攀亲戚甚至打电话叫学生来五中上学，家长都不来，当时的我，作为五中单位的一分子，尊严扫地，出门都不好意思说自己是五中的。一群语数外平均分和兄弟学校相差近20分的学生，组成了2018级，临危受命，巨大的压力使我到现在还记得当时自己坐在办公室里急哭的情形。学期末成绩竟然碾压三中，这一成绩全校为之震撼，五中的社会声誉也由此逐渐升温。

二、其他年级参观学习并全校推开

有很多的班主任搭帮结伙到我所带的级部来参观学习，后来学校就责成三个级部各自承办办公会现场会。我利用这个机会，把抹布等细节管理的理念和做法借助多媒体动画演示大师汇报给来参观的各位领导和教师们，进而全校热火朝天大力推行精细化、精准化“自主管理”与“合作学习”。

三、社会认可度大幅提升

精细化、精准化的“自主管理”与“合作学习”，给班主任管理班级、教师们掌控提供了模板，也给教师们打开了“兵教兵”“将带兵”的一扇窗。他们尝到了管理变化后的甜头，固有的思想开始松动，开始有干劲儿，开始改变课堂模式，成绩也在良性竞争中慢慢提高。学生是最好的小喇叭，他们能真切感受到自己在学校里有话语权的地位。干净整洁、严肃活泼、合作友爱、阳光向上是五中所有师生共同追逐的目标，所以他们的爸爸妈妈也就成了扭转五中口碑的代言人，近三年的五中招生形势开始向好。

|第二部分|学生“自主管理”与“合作学习”模式推行

|第一节|“自主管理”与“合作学习”模式推行的理论基础

事物的意义不能独立于主体而单独存在，新知识必须经过学生自己的思考、理解和应用，然后纳入现有的知识结构中生成新的知识结构。学习不是一个简单被动吸收、反复练习和强化记忆的过程，而是以学生已有的知识和经验为基础，通过个体与环境的相互作用（同化和顺应）而实现的意义建构过程。这就要求教师要构建有效的、平等的师生对话和生生对话的课堂氛围，实行协作学习开发学生差异资源，改善课堂教学评价体系，实现学生在最近发展区内个性的发展和对知识的主动意义建构。

季亚琴科认为，“只有在有交往、有知识和经验存在差异的人的场合，才会有教学的出现”。“小组合作学习”这一教学模式的应用给班级管理和课堂教学注入了活力，它不仅可以使师生之间、学生之间更有效地进行语言交际，而且还可以培养学生的合作意识、团队精神，进而促使学生相互学习、共同提高，有力地促进了课堂效率的提高。小组合作的精髓便在于合作，生存于这个社会，我们需要跟我们的朋友、父母、爱人合作，而从小就开始的小组合作学习的方式可以让我们更好地养成团队合作意识。

每个人在团队里面会扮演不同的角色，担任不同的分工，在这个团队里面我们既是团队的成员，也是独立的个体，我们必须在完成自己任务的前提下，帮助团队获取成功；培养积极主动的性格，不管我们长到多大，积极主动都应该是我们人生的基本原则，如果从小你就不参加小组合作，那就很有可能产生消极的态度来面对以后的学习工作；培养自学能力，团队合作一般相对比较自主，没有一个具体的内容，这个时候团队成员可以自己提出意见、查阅资料、解决问题；培养创新能力，如同“众人拾柴火焰高”一样的道理，不同的人有不同的思想，当大家的思想碰撞到一起的时候，创新能力自然就有所不同；扩展每个同学的知识面，提高教育质量，在讨论的过程中我们自然而然就解决了一些遗忘的知识点，而且将大家知道的知识进行不断融合，提高了班级凝聚力和教学质量。

这一合作教学理论认为每个学生由于发展水平、兴趣爱好不同，对同一事物有不同的理解和认识上的差异，而这种差异正是学生间可以进行交往与合作学习的前提。合作学习的优越性体现在：首先合作学习能够促进学生间在学习上的互相帮助、共同进步。在合作学习中，小组交流与合作学习为学生学习提供了宽松和充分的学习环境，使学生惧怕说错的心理压力大大减轻，发言机会肯定多于全班交流。学生在教师的组织和引导下一起讨论和交流，这样，学习者可以取长补短，学习者群体中教师和学生的思维与智慧可成为整个群体所共享。合作学习还能激励学生个体发挥出自己的最高水平，在合作学习时，学生要展示自己的观点，试图说服别人，在这种心理驱使下，对知识的钻研就更加深刻。在表述自己观点的过程中，会使新旧知识更加融合，从而扩大了知识的应用层面。同时，学生还会通过别人的观点来修正自己的观点，这种认知的重建，促进了深层次的思维。合作学习更有利于促进学生智力、能力和社会情感的和谐发展。同学们在朝夕相处的共同学习与交往中，增进了彼此间的感情，培养了彼此间的合作与协作精神，有助于综合素质的整体提高。

|第二节|学生“自主管理”与“合作学习”细节模式推行的思路

针对城乡接合部初中生的突出问题，学生管理方面必须引入统一化管理，通过统一化的管理把学生的行为约束好之后实施精细化管理，培养其良好行为习惯，给予广大学生自由、全面、个性的发展空间，让学生能健康发展。通过学生统一化管理，构建学校管理、年级管理、班级管理、家长学校一体化的管理模式，最后生成学生自主管理的全方位、全时段的管理模式。充分发挥学生的自我管理作用，通过学生干部和学生的自我约束，把统一化管理对学生产生的正面影响内化为自己良好的行为习惯并受益终生。

城乡接合部初中生正处于人生发展的关键时期，实施统一化管理符合立德树人的根本要求；符合社会发展和阶层流动的需要；符合城乡接合部人民群众的核心利益；符合城乡接合部初中学生和学校的长远发展利益。

|第三节|学生“自主管理”与“合作学习”细节管理模式的具体操作

一、自主管理　健康成长

林晖在《创设学生自主合作学习新天地》一文中指出，要充分发挥学生的主动创新能力，提高学生的综合素质。在教学活动中要着重锻炼学生的独立思维与交流分享能力，同时要注意有明确的目的，适时运用。

（一）分工与职责

学生会成员职责：充分发挥学生会的作用，更好地实现学生自我认识、自我管理、自我服务、自我教育，培养一支思想品质好、学习好、有一定独立工作学习的学生干部队伍。

主席职责：主持学生会日常工作；组织、监督和检查各部工作开展情况，协调各部关系，及时解决各部工作中存在的问题；定期召开学生会工作例会，安排、布置以及总结各部工作；及时向团支部汇报学生会工作情况，传达学校的指示和文件精神；制订学生会工作计划并写出当年的工作总结。

副主席职责：协助主席开展工作；主席不在时受主席委托执行主席职权；明确责任分工，直接参加主管部门的各项工作和活动；向主席汇报自己分管的工作，完成主席交办的其他的工作任务。

纪检部工作职责：布置升旗仪式的检查；布置学校门岗值班任务；校运会家长会等各种大型活动纪律监察；日常级部学生纪律检查。

宣传部工作职责：宣传时事政治，报道校园文化生活及学习动态；协助学校组织好艺术节系列活动、书画展活动以及演讲比赛活动；负责学生会各部活动的宣传；组织全校学生积极参加各种文娱活动，发动、组织全校同学积极参加各种体育活动。

卫生部工作职责：每天对全校的卫生区、教室、学生公寓等进行检查，将检查结果纳入班级管理考核成绩；组织开展对学生日常行为规范的检查，检查结果纳入班级管理考核成绩。

值日班长职责：担任值日班长，要有责任心，对自己负责之心，对他人负责之心，对集体负责之心，服务大家，自我成长。每位同学在担任值日班长的一天内，要履行好自己的职责。

1. 课前检查

（1）检查室内、室外卫生情况，督促值日生做好保洁工作，不留卫生死角，督促值日生及时清倒纸篓垃圾、卫生工具摆放整齐。

（2）检查辅导学生作业及每节课的到班人数，无故迟到者给予提醒并扣分（1~2 分），及时向班主任汇报。

2. 课间

（1）提醒学生不得追逐打闹，不得去宿舍区。若提醒无效，做好记录并扣分（1~2 分），并及时向班主任汇报。

（2）检查各小组卫生保持情况，发现地面有纸屑或塑料袋，提醒小组长，督促全体同学完成保洁工作。

（3）督促值日生擦好黑板，保证黑板、讲台清洁。

（4）留心班级好人好事，给予加分奖励（1~5 分），并做好记录。

3. 课间三分钟候课

（1）提醒学生做好课前准备，保持教室安静，提醒无效做好记录并及时向班主任汇报。

（2）负责检查每节课学生出勤情况，并做好记录，如果发现缺席情况及时向班主任汇报。

（3）如实记录课堂上被老师点名或表扬同学名单，如实记录随意说话、随便走动、传纸条同学名单。

（4）及时提醒未到班的上课教师。

4. 辅导及自习课

坐在教室前面，负责维持班级纪律。提醒学生不得随意讲话，不得随意离开教室，提醒无效，视情节扣分（1~5 分），并做好记录及时向班主任汇报。

5. 下午

（1）检查宿舍、教室、卫生区打扫情况，督促组长带领本组同学高效率完成值日，不留卫生死角，检查卫生工具摆放是否整齐。（小扫帚，垃圾桶归教室组管理；大扫帚、拖把归卫生去组管理）

（2）检查下午学生到班（预备铃为准）情况，有无迟到、有无缺席、有无身体不舒服的同学，如有做好记录，及时向班主任汇报。

（3）课前坐在教室前面，负责维持班级纪律，提醒学生不得随意讲话，不得随意离开教室，提醒无效，做好记录及时向班主任汇报。

6. 每天负责填写好“值日班长情况记录表”。

小组长职责：在小组学习中组长是领袖，是小组活动的组织者、领导者，课堂上小组合作学习的效果如何与组长有直接的关系，所以给组长提出以下几点职责要求。

榜样示范：组长是一个小组的领袖，是组员学习的楷模，所以组长要处处起榜样作用，要求别人做到的要自己先做到。

总结反馈：组长及时汇总各科的积分情况，加强与本组成员的沟通，并及时向班主任教师汇报本组成员的学习、纪律和思想等方面的情况，主动向班主任了解本小组的工作建议，班主任会根据组长的汇报及时地予以指导。

班主任提出的需要完成的内容或组长工作会议精神，组长要及时准确地反馈给小组的每一个成员，并组织小组成员开始实施。

沟通交流：组长要加强与其他组之间的信息沟通，与班主任或本班其他组长之间保持密切联系，明确自己组在班内的总体表现情况，并随时反馈给本组成员。如小组内遇到的困难或是确实解决不了的问题等，要充分利用外部资源，或向教师请教。

学科长职责：学科长是小组内各学科的带头人，具体负责本学科的学习组织情况。具体职责有以下几个方面。

（1）检查督促：学科长上课前组织本组同学“3分钟”候课，并下发学案（提前在教师那里领取），组织组员根据学案自主预习，不得抄袭。做好课堂行为的督促，确保交流讨论的实效性，不得交流与学习无关的内容。在小组活动中发现没有积极认真参与讨论的同学要及时提醒。

（2）组织评价：学科长是学习活动的组织者，要对学习任务进行明确分工，对组员提出明确要求，组织组员对将要展示的内容在小组内进行预展，对每节课每位学生的课堂表现做好公正的评价，并及时汇总公示（根据记分员记录的成绩）。

（3）协调帮助：学科长要协调好组内成员的关系，发挥学科长在教师和组员间的桥梁作用，充分发挥组员的特长，形成合力；跟踪并帮助小组内的学困生，每天对学困生所学知识掌握情况特别是存在的问题进行了解，并给予帮助。

（4）学科长要协助教师完成一些力所能及的日常工作，要帮助教师收发作业，反馈完成情况，组织读背课文、公式、听写等。

纪律小组长职责：负责检查小组同学的纪律情况。维持小组成员在早读、候课、课堂、自习、“两操一活动”等方面的纪律，发现问题及时提醒。解决不了的事找教师帮忙。监督小组成员不得携带违禁物品，不得打架斗殴，不得说脏话、侮辱别人。如发现有该方面的隐患，及时提醒，解决不了及时向班主任汇报。如果组内出现上述现象，取消本周小组评优选模资格，并让负责人写书面报告。

卫生小组长职责：负责检查小组同学的一天卫生的保持情况，使本小组桌下及周围地面保持整洁，课桌上无杂物乱放情况。如出现问题，及时提醒。劳动班长会不定期检查，检查结果将计入小组考核。

中心发言人职责：负责小组意见的总结和陈述，是整个小组的喉舌，每次由小组讨论发言后，推荐组里一名学生集中发言，陈述本组结论。

记分员职责：执行小组的评价体系，是小组的信息采集员，每个小组的记分员必须做到及时、公平、公正、公开，随时接受任课教师和班级同学查阅和提问，记分员要做到科学公正。

（二）激励与评价

小组课堂评价：

1. 积分内容及标准（根据学科特点制定个人和小组的积分标准）

（1）预习检查：课前能按时完成课本内容的阅读，重点标记。根据完成质量分别加 3 分（阅读并标记，知道重难点），2 分（阅读并标记），1 分（只阅读）。课前不阅读课本的扣 1 分。

（2）课堂展示：根据学生的不同层次，给小组内每位成员的加分情况分出不同的级别，分别为一、二号加 1 分，三、四号加 2 分，五、六号加 3 分。

（3）叫号（同号）抢答：回答准确按号加分，回答错误扣 1 分。小组补充加 0.5 分。其他组同号纠错补充加 0.5 分。

（4）每节课的达标检测（包括听写、检查背诵）：根据教师对各小组的评价，按优（加3分），良（加2分），及格（加1分）进行加分，其他组不加分。

（5）其他加分项：受到教师表扬的小组，在小组总分上加2分；好人好事，给主人公一次加2分。

单元测试：按各组平均分，第一名小组加记10分；第二名加计6分；第三名加计2分。小组内按单科排名波动情况进行加减分，组内前进几名，就加几分，后退几名就扣除几分。

2. 日评方案

（1）时间安排，每日晚自习后。

（2）记分员与学科组长检查、核对记录，并记下具体情况（课间完成）。汇总本组总分交给学习班长，学习班长及时在后面黑板上给予公示。第二天早读前将小组积分公布于后面黑板积分表中。

（3）学习组长根据本组排名和表现，主要从小组当日积分情况、进步情况、不足之处以及改进方法进行小结，并向组内同学汇报，并以书面形式交给学习班长，学习班长收齐后交给班主任。

（4）总班长从各方面对各小组进行评价，指出普遍存在的问题，提出改进意见。

3. 操作流程

（1）班长负责及时发放小组积分记录表和值日班长日积分表，快要用完时，提前告知班主任。

（2）记分员在当天放学前统计所记录小组的积分，汇报给学习班长，学习班长做好记录。

（3）值日班长除汇报各小组日积分情况外，还要就当天的值班发现的好的情况与不良行为予以通报，表扬先进，激励落后。

总体评价：

1. 总评方案

（1）时间安排，每周一次班会课或一节自习课。

（2）学习班长汇总各小组一周得星情况（积分换星办法后面有），在后面黑板上进行公示，前两名为“合作之星”小组；从前三名的小组内各选出一名优秀组员，评为“进取之星”学员。（集体有了荣誉，你才有机会获得荣誉）合作之星小组和进取之星学员照片上墙。

（3）总班长及学习小组轮流主持，班主任必须参加并有活动记录。班主任或班长根据各小组得星情况对班级一周表现进行点评和总结。评选出最佳学习小组2个，进步小组2个，班级周之星3人。

（4）得分最少的一个组，写出反思读给同学们听或小组出一个节目。

2. 小组评价

（1）总班长在每天第一节课前检查黑板上各小组积分表。

总班长在每周班会前检查黑板上小组星级榜，查看有没有评选出优秀小组和优秀学员，有没有及时更换照片。

（2）总班长协调各小组与学习班长的工作，与学习班长一起督促各小组及时上交积分表。

3. 积分换星办法

（1）换星办法：本组内3、4、5、6号每天单科得分满6分将换取一颗星，1、2号满4分将换取一颗星；小组每天满10分将换取一颗星，本积星办法采取累积加分换星的办法，即本节课得分不够获得一颗星的同学，可将上节课得分与下节课得分累计相加换星。

（2）加☆或扣☆绘图办法：加☆用红色笔将☆涂满，反之被扣☆则在原红☆上用黑色笔画三条斜线。

4. 设计综合素质评价表和班级事务记录表

综合素质评价表，填信息、贴照片，引起学生重视。学生通过自我记录迟到、违纪和受表扬的情况。第一，自我反省和成长；第二，作为与家长沟通交流的材料。

班级事务记录表。包括违纪记录（值日班长负责）、上操记录、迟到记录、好人好事记录等。第一，便于班主任随时了解情况；第二，监督学生自我综合素质记录表的填写情况。

二、小组合作　共同提高

以语文阅读教学为例，首先我们从学生的疑问开始入手，教师开始针对学生提出的问题进行教学这一环节，我们只去解决他们自己发现的问题，不懂的地方，也可以说一下自己的感悟，说感悟的时候，也可以组织学生进行交流，这就形成了一个思想上的碰撞，其实我们阅读的时候不仅仅是要学会自己阅读，还要去发现别人的阅读方法，这个讨论的思想碰撞环节，就可以让学生去了解他人的阅读方法和理解问题不同的角度。

（一）小组合作管理流程

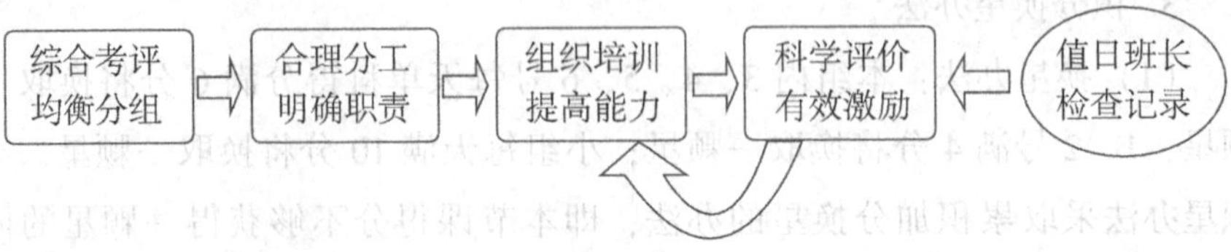

（二）小组合作排位方式

方式一：大组套小组（兄弟组合）

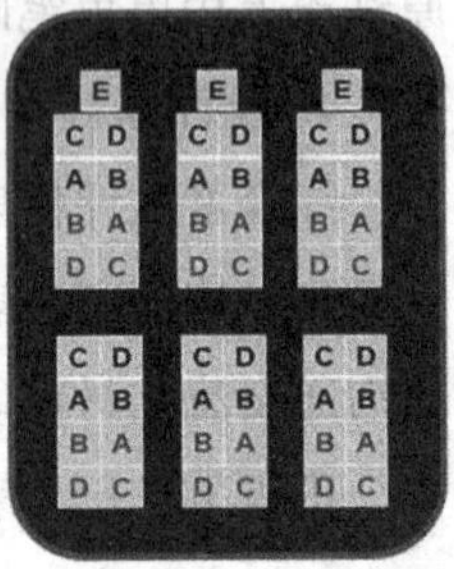

形式：12 个小组，每两个小组靠在一起形成一个大组，成为兄弟组。两个 A 和两个 B 相靠，其他号分坐两边。

优点：

1. 12 个组“组内异质，组间同质”，公平竞争，便于小组积分评价。

2. 每个小组 4 人，一带一，便于帮扶。

3. 两个组的 A、B 号靠在一起，便于尖子生竞争和交流，以及对边缘生的帮带。

不足：

要求具有管理能力的组长比较多，需要培养。

方式二： AB 集中式分组形式

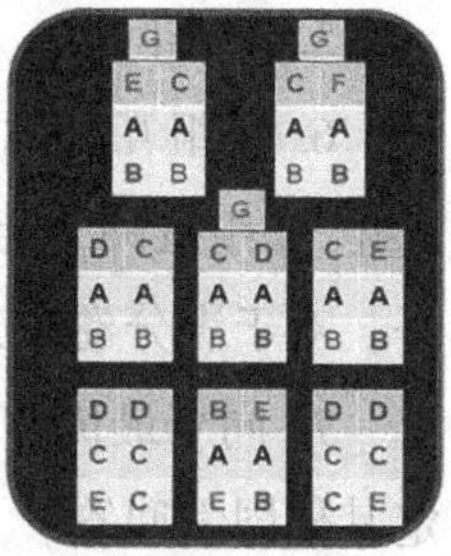

形式：AA 相靠，增强竞争；并各带一个 B 边缘生。C 号集中，其他号分散。

A：1~12 名　尖子生　　B：13~24 名　边缘生

C：25~35 名　中等生　　D：36~42 名

E：43~48 名　　　　　　F：49 名后剩余

优点：

AA 能竞争“促尖”，B 能被 A 帮扶“帮边”。AB 涵盖所有有可能考上一中的学生。对抓边促尖有帮助。

不足：

小组不均等，比较差的学生太集中，个别组组长不好选，不易管理。

方式三：常规分组

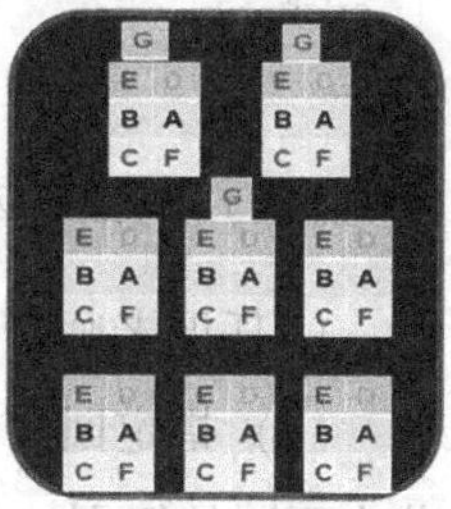

形式：每组 6~7 人，同组异质、组间同质。各组成绩均等，包括所有号。

优点：

1. 各组均衡，利于竞争和小组评价。

2. 需要组长人数较少，能优中选优，选出管理能力强的进行管理。

不足：

在学习帮扶时，不能一对一帮扶，针对性差。且能发言的同学仅仅有 AB16 人，其他同学不动脑思考，缺少发言锻炼机会。

（三）小组使用方法

1. 结合班规和值日班长制度，将好人好事、违纪处理纳入小组积分。

2. 可以将作业检查、读书笔记、周记、单元过关测试纳入小组积分。

3. 利用小组检查背诵。组长换组检查落实，并给予积分。如：1 组组长检查 2 组，按照过关人数给予 1~4 分的加分。

4. 同号竞答，进行加分表扬，提高课堂积极性。如：难度不大，可以让 D 号竞答，答对按加分细则加分，表现突出，再进行特殊加分。

5. 疑难问题，进行抢答和解析，鼓励冒尖。

6. 小组互换批阅课堂作业或检测。根据检查结果加分。如：1 组批阅 2 组，2 组批阅 3 组，以此类推，12 组批阅 1 组。互相监督批阅，保证公平。对于满分卷或其他，给予一定奖励。

7. 同号最优奖励提问检查权，让其成为某号组长，他可以代替教师指定其他同学回答。

（四）小组合作评价

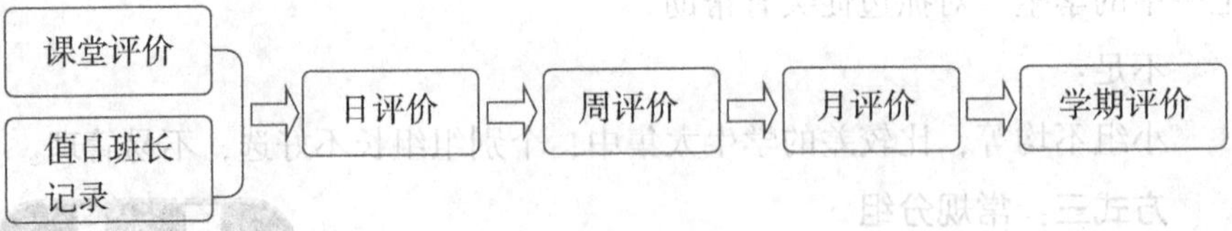

（五）班主任及任课教师工作

1. 任课老师督促课堂展示

（1）指定回答：根据学生的不同层次，给小组内每位成员的加分情况分出不同的级别，分别为 A、B+1　C、D+2　E、F+3

（2）叫号抢答：回答准确按号加分，回答错误扣 1 分。

（3）课堂听写：批阅后如果达标，按照 A、B+1　C、D+2　E、F+3，进行加分。

（4）随机加分：个别学生表现特别突出，如回答精彩、考试满分、进步特别大……教师可根据情况给予“1～5”分的额外奖励。但不能加分太多，以免小组积分因一节课或一个问题而失衡。

2. 班主任做好评价总结工作

（1）班主任要选好记分员（2~3 号），并定期培训记分员。要监督不准徇私舞弊、乱加分和少加分，保证小组记分无误。

（2）日总结：要求值日班长监督小组记分员进行日积分记录，并汇总，与第二天的值日班长进行无缝链条式衔接。

（3）周总结：周一早班会，由大班长收齐各组积分表，进行周总结。表扬前三名和进步最大的三名；最后一名与倒数第二差距太大，要集体进行反思汇报。

（4）月总结。利用月考和期中考试等时间节点，进行月总结，将小组平均进步名次得分纳入小组积分并与阶段性学习成绩挂钩，进行综合表彰激励。

（5）学期结束表彰优秀组长，与评优选模挂钩。

（六）阶段性成果

1. 学生课堂上参与意识增强，参与面较实验前更广。原来的课堂，是班内“优秀生”的舞台，很多中下游学生缺乏自信心，面对优秀生的强势，他们不敢把自己内心的真实感受表达出来，时间一长，他们与优秀生的差距越来越大。而开展小组合作学习以来，由于强调小组中每个成员都积极参与到学习活动中，每个成员都带有极大的热情，学习任务由大家共同分担，集思广益，各抒己见，人人都尽其所能，这样问题就变得容易解决。每个学生都有了发言的机会，很多学困生也增强了学习的自信心。

2. 合作学习培养了学生的组织能力。在组织讨论时，小组长根据实际情况安排小组成员发言，充分考虑知识的难易度和学生的水平，对于不积极参与的同学还进行引导教育，大大提高了学生的组织能力。

3. 培养了学生的合作精神与人际交往能力。在小组合作学习中，学生为了达到共同的学习目标，小组成员之间必须相互了解、彼此信任，进行交流，互相帮助和支持，还需妥善地解决可能出现的各种矛盾，同学之间建立起一种融洽、亲密的伙伴关系。

4. 学生的胆量增大了。通过小组合作学习，很多原来内向的孩子得到了锻炼的机会，他们找到了自身的价值，自信心增强，敢于在全班同学面前发表自己的见解，各方面的能力有所增强。

在教育管理和教学中始终追求一种平等、信任、尊重、理解与和谐的师生关系，为学生提供一个适合他们发展的空间，力争在民主、和谐的教学情境中，使这些极具发展潜力的学生消除顾虑和依赖心理，无拘无束地表述自己的思想、认识和主张，释放生命的活力。生命的奇迹在于创造，而教育教学的生命亦在于此。我相信，只要认真参悟《新课程标准》，学习新课程理念，用新观念、新思想来武装、指导自己，不断地去探索、实践，那么，自主合作的学习方式就会成为中学生综合素质腾飞的羽翼。

第三部分 教师“自主管理”与“合作学习”探索

人人都是学习者，人人都是培训者。教师通过自主学习，促进自我专业成长，这才是教师最需要的培训。原创的读书心得，教育教学论文、课题、专著等成果，参加的各类读书活动和学术活动等，都是有效的自我培训，这些成果和成就都是看得见，摸得着的。事实上，教师的自主学习还会产生一种示范效应。通过自主学习成长起来的教师，他们本身就是一部生动的教材，他们的现身说法对同伴具有极为重要的引领作用。倘若学校能够及时发现并鼓励他们站出来实施同伴互助，这不但是对自主学习的教师成绩的一种肯定，更能够有效带动本校的其他教师进行学习。

齐河县第五中学是2013年成立的全县规模最大的初中，在校学生3200多人，专职教师262人。因建校时间较短，除了建校之初从各县城初中学校抽调的30名骨干教师和附近乡镇选聘的20名中年教师，其他192名教师都是近几年县教体局新招聘来的大学生，青年教师比重很大。建校之初，一对一骨干帮扶还帮扶得过来。随着新教师不断加入，没有新的骨干教师补充，仅仅实行一对一已不能满足实际工作需要。如何迅速提升这些青年教师的教育教学实践技能，成为摆在我校面前迫在眉睫的事情。经校办公会集思广益，借鉴名师合作联盟和小组合作学习经验，成立青年教师成长互助组，后改名为青年教师成长俱乐部。由校教研处具体牵头制订活动方案，组织、指导、监督、考核、奖励等，积极开展自主学习，实现资源共享。

针对教师的自主学习，学校行政部门可制定制度，建立引领教师与同伴互助评优机制，教师的专业成长将不再是一项繁重的任务，而是自发的行动，成效也值得期许。青年教师是一个学校的生力军，是一个学校的后备力量。青年教师的培养担负着一个学校的未来和希望。如何让青年教师尤其是刚入职处于成长关键期的青年教师快速成长起来，一直是困扰学校特别是公办学校的一大难题。经过多年的大量探索实践和研究证明：成立青年教师成长俱乐部，以青年教师成长俱乐部为平台，多措并举可以实现青年教师整体素质的快速提高和教育教学实践技能的迅速成长。

随着时间流逝，建校时 40 岁的教师现在已近 50 岁，传统的教学思维模式，僵化单调的教学方法令一系列的问题开始凸现出来。一旦教师停止了学习，教师的工作便如同机械般运作，在机械枯燥的活动中教师会丧失人的本质，会觉得生活毫无意义，会沮丧而没有活力。也就是说，下一步学习理念、合作意识要加大宣传和管理力度，树立终身学习理念，活到老，学到老，努力做教育界的常青树。

| 第一节 | 教师“自主管理”与“合作学习”的重要性

一、教师“自主管理”与“合作学习”是学生成长的需要

《基础教育课程改革纲要试行》明确指出，改变课程实施过于强调接受学习死记硬背机械训练的现状，倡导学生主动参与，勇于探究，勤于动手，培养学生搜集和处理信息的能力、获取新知识的能力、分析和解决问题的能力以及交流与合作的能力，这要求语文课堂要给学生营造一个宽松自由的探索空间，师生互动，教室在课堂由演讲者表演者转化为引导者，管理者由一言堂变为众言堂。语文课程标准倡导的师生互动是要彻底变单一接受的学习方式为多样化的学习方式，高度重视学生的主动参与，亲自

研究动手操作，强调师生间的交流与合作，我们日常的教学过程中，最基本的教学三要素就是教师、学生和教学内容。什么是教学过程，教学过程是师生相互作用的形式进行的，以学生为主体，教师为主导，以教科书为主要认识对象的实现教学发展和教育三大功能和谐统一的特殊的认识和实践活动过程，这个定义概括了教学过程中最基本的三个要素，并且提出了新时期各学科教学过程的一些重要特征，那就是注重学生在教学过程中的主体作用的发挥，强调师生的相互作用。

让每一个学生都有机会当小老师，给每一个学生都有展现自己，锻炼自己的平台，在教师的指导下，通过学生自主学习，相互讨论，打破教师给水喝的局面，学会找水源的方法，通过增强学生的参与意识，轮流变换，争当教学当中的不同角色，极大地激发了学生的学习积极性，学生的个性得到张扬，使每一个学生都能得到全面的培养和锻炼。这是学生成长对教师提出的更高的要求。

二、教师“自主管理”与“合作学习”是时代发展的需要

时代在变，人也在变，教师必须认清终身学习对自身成长和发展的重要性，自觉地树立终身学习的观点，不断地提高自身的素质，以适应现代教育的需要。以往，一个人只要在学校学好一门专业，就可以一辈子当专家；学会一种技术和手艺，就可以受用终生。可是随着现代科学技术的发展，许多行业已不再是代代相承、永远不变。尤其是信息技术的迅猛发展，对人们的生活方式、学习方式产生着重要的影响，终身学习的重要性也越来越明显。作为一名教师，更应坚持终身学习，不断丰富自己的知识储备，以适应新课改的要求。

尽管教师在教学过程中能够主动、积极地获取新知识，但由于受年龄、时间、精力等因素的限制，再加上新知识的产生速度大于人们学习和掌握它的速度，因此，随着时间的推移，教师原有的学科知识特别是所教学科以外的知识，因不常用被逐渐遗忘。这些客观因素导致教师在知识和能力上逐渐欠缺。因此，终身学习是教师补充知识和能力的有效手段，既

是教师专业发展的需要，又是搞好现代教育教学的需要。

更重要的是，在这个“计划赶不上变化”的时代，教师不仅要转变传统的知识传授者的角色观念，成为学生学习的促进者和协助者，而且其自身的学习不应该是一次性的学习，而是持续学习来提高知识水平，学习要贯穿于自己整个教育生涯。因为对自己的教学生涯来说，仅靠最初的专业知识无论如何都是不够的。教师务必与知识和教学法的提高保持同步。“活到老，学到老”，是我国的一句古训。这句话说明了提高和累积专业知识才可以帮助和促进学生成为终身学习者，教师需要以自身的行为和态度来感化学生成为学习的示范者。

社会在发展，知识领域在扩展和更新，教材也在更新改革，学生的认识水平也具有了更高的起点，在这种情形下，教师只有通过不断学习来提高自己的专业和教学方法。只有对自己所教的科目有十足的信心，才能提高课堂教学的效率。

三、教师“自主管理”与“合作学习”是提升个人魅力的需要

“严谨笃学，与时俱进，活到老，学到老”是21世纪教师应有的终身学习观。教师终身学习扩展知识，提高教学水平。教师肩负着教书育人的重任，如果教师不能经常更新知识结构，不能对新知保持长久的好奇与敏锐，教师就有可能被学生轻视，正所谓“不亲其师，怎能信其道呢？”所以教师一定要不断学习，以深厚的教学功底和丰富的知识来提升自己的个人魅力，从而提高自己在学生心目中的地位，成为一名让学生真正喜爱的教师。通过学习适应课改需求，与时俱进。

教师们的未来，并不取决于现在的生活有多么安稳和优越，最美好的生活和命运应该由自己来主宰，是做一天和尚撞一天钟，还是活出阳光、活出尊严、活出精彩，我想答案应该是不言而喻。为尊严而学，为遇到一个更完美的自己而学，提升自身魅力，学习是每一个教师的必修课。

第二节 教师"自主管理"与"合作学习"的形式与效果

一、注重终身学习思想渗透

借助班主任会、年级成绩分析会、学校大会、从成绩出发，横向比对，纵向比对，找出差距，分析教育形式，剖析被动落后原因，找到高效的教学方法，帮教师们分析如何赢得学生的认可，得到社会尊重的方法，那就是——"充电"！

学校给教师们购买了《第56号教室》《教练式管理》《从普通教师到卓越教师》《魏书生教育漫谈》《做最好的教师》《给教师的建议》《中国课堂的奇迹》等教育教学专业书籍。订阅了中国教育报、中国教师报、山东教育、齐河教育、江苏教育、上海教育、未来教育家等专业教育报纸杂志，开放图书室和阅览室，为教师充电学习提供了充足的条件。

接受教育教学专家现场的思想洗涤。华师教育研究院的房涛院长在进行《大单元教学设计》时表示如果不学习将来会被生活方方面面抛弃的视频直抵人的内心，第一感觉就是，不学习自己就是一个废人。王红顺校长的细节课堂、备课、上课、作业、讲评、自习，甚至是小到一个举手的环节创新，无一不敲打着自己的每一根神经：哇，原来还可以这样好，不学真是亏大了。潍坊德州五中学习，即将退休的正高级老校长，活力四射，满满的工作量（两个班的英语课，两个班的班主任），真让人怀疑：为什么？他们物质富足，但他们青春不言老，在自己的岗位上燃烧着自己，实现着自己的人生价值，为了明天遇到一个更完美的自己。

润物无声，内化于心，现在的五中学习氛围浓厚，每一个五中人都认识到了学习的重要性，且坚定地走在遇到完美自己的路上。

二、助力青年教师快速成长

“教师入职之初的一两年是关键期，三至五年是快速成长期”。“校长要把握教师成长的关键期”，紧紧抓住青年教师成长的关键期跟踪督促。一旦达到了五年后的高原期、瓶颈区，就很难有大的提高了。

为青年教师搭建竞争的平台和展示的舞台，发挥青年教师有活力愿表现的优势，是有效解决这一难题的良方。学校成立了青年教师成长俱乐部，设总组长一名，下设文科组和理科组。由于人数较多，文科组又分为文一组和文二组；理科组分为理一组和理二组，各设组长一名。每周二晚自习时间集中学习交流研讨。各组轮流主持，校长、副校长、科室主任和部分对应学科骨干教师参与指导。学习内容充分体现民主，由青年教师根据教学中遇到的实际问题自主商定，教研组组长和学校学术委员会协助筛选确定研讨主题，各组员利用一周时间搜集相关资料，写出心得体会或感想等进行展示交流，然后各组讨论，由各组派代表结合自己组的教育教学实际谈感想和收获。校长、副校长、科室主任和特邀的部分骨干教师给予点评和指导。各小组成员根据所学主题，每天在口袋助理软件反思自己的教育教学活动，校长、副校长、科室主任及各青年教师的师傅及时浏览并点评，给青年教师以鼓励。三年来我们先后选择了齐河五中“四环双测”五步教学模式探究、如何在课堂上有效运用小组合作教学、如何转化后进生、如何与家长沟通、如何让学生喜欢你的课、如何实现课堂的高效、如何管理班级、如何组卷等主题课题进行了深入的探讨和交流，有效解决了新入职教师的实际困难，从教育教学各方面切实使青年教受益匪浅。

公立学校的难点也在于竞争机制的落实，激励机制的应用，虽有职称和荣誉，但略显不足。我们都知道面对悠闲的一池金鱼，只有发挥“鲇鱼效应”才能使教师有活力。青年教师刚刚入职，有表现的欲望和需求。活动中我们一直教育青年教师“欲戴王冠，必承其重。”增强青年教师的责任意识，做最好的自己。发挥中年教师有经验的老教师的带动作用，师徒结对，一师可多带，注重合作，助力青年教师快速成长。这样青年教师在成就学生的同时成就了个人职业生涯，提高了青年教师的政治思想觉悟，使其勇挑重担，快速成长为合格乃至优秀的教师。

把一群朝气蓬勃积极开拓的人聚拢在一起，合作在一起，文理科各定一个组长，日常活动业务活动分组搞，有竞争，有合作，青年教师的成长速度非常喜人。“滴水穿石，绳锯木断。”多年来，我们以青年教师成长俱乐部为平台，多措并举，闯出了一条青年教师成长的新途径，使青年教师培养工作连结硕果，先后有40多位青年教师在市县教师基本功大赛、优质课大赛、说课比赛中获奖，大批青年教师迅速成长为本校学科带头人，部分青年教师在市县学科教育教学中已小有名气。

三、牵手优秀合作共赢

“三人行必有我师焉，择其善者而从之，其不善者而改之。”渴望学习名师、亲近名师是普通教师成长的最好、最快的途径，可名师常常是可望不可即，所以教师应该把学习的对象更多地转向定向为身边的人。

与同学科的教师合作，这可以说是一条成长的捷径，我一直这么认为，一节公开课，如果有一个两个值得我学习的地方，那就是一节成功的课，在听课评课中，我记下自己的心得，在回家的路上，像放电影一样回忆别人的课，然后想如果我来上会怎么处理？与赵珊珊老师的合作，让我知道在语文教学的道路上古诗可以有那么多种精彩的授课方法；与闫翠萍老师的合作，让我在语文教学的道路上知道了写作原来可以这样小桥流水，美轮美奂；与兰玉华老师的合作，让我在讲评试卷的道路上知道了细节甚至可以具体到分解答案是多么清晰……反复的尝试与打磨每次都有不一样的收获，在这种漫漫学习的路上，自己可以体验到学无止境的快乐。

与同一所学校的教师合作。不论自己平时接触到的教师，还是本学校的教师，里边不乏优秀者。向他们学习，就是学习他们与学生交往的艺术，学习他们管理的艺术，学习他们在课堂上处理问题学生的技巧。在学校生活中总有一些教师，学生很喜欢他们；也有一些教师，学生很不喜欢他们。在课堂教学中，教师会遇到各种各样意想不到的事情，有的是可以是当堂解决的，有的问题，如果在课堂上解决，就可能打消学生的学习兴趣，耽误学生学习的时间，会引起学生的反感，也未达到教育学生的目的，这时就需要先提醒一下犯错的学生，下课后处理。处理有问题的学生时，我会学习我的结对教师的方法，依葫芦画瓢，照着处理，后来慢慢地得心应手，也在此基础上创新了很多的处理问题的方式和方法，心中有些成功的小喜悦。

与有着共同教育追求的教师合作。志同道合即有着共同的教育理想，让自己和这些热衷教育的不同学校里的教师结成对子，结下深厚的友谊。在同他们的交往中，认识到一个教师或一个班主任应该具有的优秀品质，从而激励自己不断地学习与追求，在与他们的交往当中，意识到他们对教育的执着的追求，对学生满腔的热忱和对工作的兢兢业业，从而使自己在教育教学中孜孜不倦地进行创新研究。

与自己的学生合作。包括现在的和过去的学生，和他们交流对自己的教育教学的看法，低下身去侧耳倾听倾听，让他们说出喜欢或者是讨厌自己的原因，要敢于让学生说真话。对于好的方面要保持，对于不好的方面，自己一定要多反思，多提醒自己，从而使自己更加地适应学生，亲近学生，形成“师生无影组合”，实现友谊成绩双丰收。

一定要坚信：一个善于思考，乐于学习，并注重牵手合作的教师，一定会成为一名优秀的人民教师，一个善于合作的团队必将行而致远。

自主与合作细节打磨之教学探索篇

第一部分 教学现状引发的思考

第一节 教学管理的现状与思索

教学方面，来自乡镇中学的教师凭经验上课，基本处于闭门造车，新进的年轻教师自己摸索，有几位业务能力强的教师，因为人心涣散，也很难起到带动作用，偶尔市县教研部门举行活动，方才三五一团，即所谓的“打磨”。虽然新课程改革已经全面实施，但目前大多数的课堂教学仍然没有摆脱传统教育思想的束缚，存在着教条化、统一化、静态化、孤立化和脱离学生的现实生活等弊端，学生在课堂教学中的主体地位尚未真正确立，缺乏应有的自由和选择，灌输式教育还有很大的市场；教育主体之间的交往和对话形式单一，教师与学生、学生与学生之间缺乏有效的交流、沟通和互动，缺乏对课堂教学丰富内涵的深刻挖掘，课堂教学在某些方面不仅没有成为学生健康成长的乐园，反而成了他们身心发展的藩篱，致使课堂教学无法激发学生生命活力。

课堂教学的权威化。首先是教师教，学生被动学；教师讲，学生听；教师制定纪律，学生遵守纪律；教师做出选择并将选择强加于学生，学生唯命是从；教师选择学习内容，学生适应内容；教师是学习过程的主体，而学生只纯粹是个体。其次是课堂教学中，教师惟教材、教参、教案至上，学生对于课本知识的绝对遵从和对于教师的一贯服从，把教材、教师讲授的内容视为金科玉律，他们极少怀疑知识的正确性和教师的权威性。造成了学生不知道如何去学习，缺乏批判性地分析问题和独立思考、解决问题的能力，许多教师眼中的学习佼佼者，往往并没有成为栋梁之材。再次是课堂教学无视学生的个性差异，而是以同一标准来塑造、培养学生。统一的培养目标、统一的教学大纲、统一的课程、统一的时间、统一的教学进度、统一的考试、统一的答案、统一的评价标准。这种教学严重忽视了学生在课堂教学中的主体地位，忽视了学生之间存在的个体差异，成了压抑学生个性、扼杀创造力的“元凶”，致使本应丰富多彩的课堂教学变得死气沉沉，缺乏生命活力和生机。

课堂教学的空洞化。传统的课堂教学注重知识的传授和书本的本身，远离学生的生活世界，致使课堂教学严重脱离学生的现实生活和社会实际，缺乏对他们的精神世界和生活世界的照顾，使之成为被忽视的对象，难以体现课堂对现实社会的认识，对真实生活的体验，对人文精神的感悟和对未来生活的憧憬，他们的道德生活、审美生活乃至整个精神生活的需要无法得到充分的满足，课堂教学失去了应有的意义和生命活力。我们的课堂总是想方设法把一种预设的成人化、社会化的生活模式强加给学生，牵引着他们走向一种既定的生活模式，而没有认识到学生的未来生活是不可限定的，致使课堂教学严重脱离学生的现实生活和社会实际。在这种课堂上，学生实际上过着一种对他们来说是虚无缥缈的成人生活，缺少了自由展现他们活泼可爱的天性以及丰富的想象力的生活空间和氛围，致使他们长期处于一种压抑、枯燥、乏味的学习生活状态之中。

课堂教学的孤立化。在传统的教学思想的影响下，我们的课堂教学中教育主体之间的交往大多是以教师为中心，教师是课堂教学的启动者和主宰者，学生则处于一种消极被动的地位，学生与学生之间缺乏有效的交往、沟通和互动。这样就不可避免地导致课堂教学中教育主体之间在交往性质上的垄断性和在交往形式上的单一性。在课堂上，教师往往以自我为中心，用自己的思想、观点、语言和行为代替了学生的想法，在很大程度上忽视了学生真实的内心感受和主观体验，有一种强加于人的倾向。师生交往成了教学交往的主要形式，教师提问，学生被动回答是教育主体之间课堂言语交往行为的主要类型，而学生主动向教师提问、提出异议以及其他类型的互动则较少。不仅如此，在课堂交往中，教师往往依据自己的认识选择交往对象，这种选择与学生的成绩以及在班级的地位有着密切的关系。一般说来，教师通常更多地选择学习成绩好的学生干部以及人际地位高的学生作为交往对象，给予这部分学生的交往机会较多。而且在内容和时间分配上，学生之间也存在明显差异，教师喜欢让差生回答一些诸如“是不是”这样的判断性问题，而把复杂问题给自己认同的优等生。在交往态度和行为方式上也有了区别，这使得师生课堂交往出现严重的不均衡性，不能使每个学生充分发展自己。

课堂教学的单一化。在传统的课堂教学中，往往是以应试教学为特点。教学手段单调、乏味，以强行灌输为特征，以教师讲解、题海战术为主要形式，力图将应试内容深深烙在学生脑中。教学就是为了中考，这似乎成了传统课堂教学的信条。从教学内容上看，只要是考试要考的或有可能要考的，教师就会不厌其烦地讲解，并配以大量习题以巩固，而那些有助于学生全面发展的内容则被视为无用，一带而过或者干脆不讲，并直言这些考试不考。这样一来，学生的眼中也只剩下考试这一目标，学习内容单一僵化。教学评价上，考试似乎永远是最主要的标准，教师教的怎样，学生学的如何，全凭一纸成绩，这使得传统课堂教学更加体现出应试的特征，从而使教学方式、教学内容、教学评价单一化。

综上，传统的课堂教学存在着权威化、空洞化、孤立化和单一化的四大弊端，致使课堂教学不能很好地服务于我国的教育路线，在相当程度上忽视了学生的个体差异性，压抑了他们的创新精神，而且使得他们的思想趋于封闭，缺乏必要的协作精神和能力，难以适应新时期的教育发展要求。那么传统课堂教学如此，学生的学习方式又是如何呢？

在传统教学方式的引导下，学生的学习方式呈现出被动性、封闭性、接受性和单调性的特点。

学习方式的被动性。由于传统课堂教学以灌输为特点，在教学中教师处于绝对权威地位，因而学生在学习方式上就形成了教师讲什么就听什么，教师让做什么就做什么的被动局面。在这里学生没有自己的主观创造可言，更不用说自己选择学习内容、学习时间，一切唯师是听，而逐渐将自己主动学习的精神和能力压抑于某一角落，直至丧失，成为一个听话的

“乖孩子”。整日面对各科教师的各种纪律、学习要求，像机器一样完成着各种喜欢的、不喜欢的繁重的学习任务，枯燥、乏味、效率低下。

学习方式的接受性。由于被动性学习方式的影响，学生逐步丧失了创造、探索的能力，养成了不被动接受现有的知识经验的学习习惯，一切等着书本，等着教师，等着别人创造新的认知经验，而不愿也不能自己去探索去创造，无法运用已有知识去解决实际问题并进行创造。教师说的就是对的，书上写的就是对的，接受性学习使学生丧失了质疑的能力。不管对错全盘接受；认为多学一些总是好的，为此目的，许多学生把各种辅导班、竞赛班当成速成的法宝。其实这正体现出其习惯于被动接受的学习特性。

学习方式的单调性在应试教学的引导下，学生学习方式必然呈现出单调性的特征。合作、探究等方法对于学生来说只是一个个陌生的名词。这样致使学生思维僵化，缺乏必要的归纳分析、逻辑推理能力，而单纯成了一个个大容量吸收信息的存储器。

学习方式的封闭性。在传统的课堂教学交往中，师生交往成了主要甚至是唯一的方式，而学生之间的交往则往往被忽视，这样就致使学生在学习上成了一个孤立的个体，缺乏合作探究意识，呈现出封闭性的特征。班级中只有座位管理意义上的小组而没有学习意义的集体。学生学习时只从教师那里汲取，而很少与同学合作去解决问题，封闭于自我知识体系。长期下去，必将使学生丧失合作意识和能力，甚至由此而形成自私、自傲等人格，难以适应新时期对健全的人格的要求。

传统的教学存在着弊端，会使学生缺乏创新精神、实践能力、合作意识。而新的时代需要创新，没有创新就没有发展；人的发展需要实践，脱离现实的学习只是一纸空谈；世界需要合作，人只有通过合作才能发挥最大效能。因此，这种传统的教与学必须变革，那么变革的出路在哪呢？根据新课程改革的精神，结合本人对教学实践经验的总结，我认为可以从以下三个方面进行改革，从逐步改变传统教学过程中存在的弊端，使学生真正成为学习的主体，成为学习的主人。

提高学生的抽象概括思维能力。新课程标准重视对学生自主学习、探究学习、合作学习的培养，这就对教学提出了更高的要求，教师应适当加大运用知识教学的力度，增强学生运用所学知识解决实际问题的能力，合理安排适当的课题学习，以激发学生的自主性、能动性、创造性，综合培养学生的设计、操作、分析、评价能力，锻炼并提高学生的合作意识和抽象概括思维能力。

扬长避短，发挥各种成功教学模式的整体作用。教学模式是在一定的理论指导下，围绕教学目的，形成相对稳定的教学程序及其实施方法的简述。它是教学理论在教学过程中的具体化，又是教学经验的总结，因此，可以说任何一种成功的教学模式都有它的优点，同时也应该辩证地看到任何一种成功的教学模式必然有它的弱点和局限性，不能因为强调了某一方面而无意中忽视了另一方面，好的教学模式要用好才能发挥好模式的优点，否则会适得其反。另外，各种教学模式并不是互不相干的封闭系统，而是一个开放性的系统，在具体的教学实践中，有时可以同时对几种教学模式根据具体的教学内容进行整合。当然，教学模式也是要不断发展的，没有一成不变和绝对领先的教学模式，只有深入研究、扬长避短、讲究优势互补，才能发挥各种成功教学模式的整体作用。

注意信息技术与教学模式的合理整合。配合教学内容，选择不同的教学模式，结合学生特点，借助多媒体形象快速、活动优越的功能，设计和编制各种课件，能有效地提高课堂教学效果。但是，由于经济文化发展的不平衡，不能片面地强调信息技术的应用，更不能片面地强调某一种媒体，应该从实际情况出发，从实效出发，适当地选择信息技术进行教学，这样可以使教学锦上添花，若过分地强调信息技术则会喧宾夺主，师生之间如果缺少必要的交流，教师的主导性和学生的主体性都得不到充分的体现，而且还会导致学生思维能力、语言表达能力和想象能力的单一化，以致对学生的智力发展和审美情趣造成不利的影响。

第二节 教学细节管理探索

教学细节是指课堂教学过程中所发生的很细小的环节设计或情节处理，或是一个细小的片段的挖掘。它可能是教师的一句话，一个眼神，一种表情，一个动作，也可能是学生的一个行为，一句言语，也可能是师生之间互动的行为组合，还可能是在特定情境中，学生对教学的一种重要的行为反应。教学细节体现了教学过程的变化，对于生成和创造教学细节具有重要的意义。能够吸引学生并让学生感觉刻骨铭心的课堂，往往是能够生动震撼其心灵，让其学有所获的课堂，而这样好的课堂离不开一个个生动的细节，在学生毕业离开校园多年后，对教师印象最深的也往往是课堂上教师对某一个环节的处理，某一个举动，某一句话，甚至是某一个眼神。由此可见细节的重要性，注重教学细节，对课改理念的转变与实践对课堂教学具有推动作用，新课改提出，教育要以人为本，关注学生的个性特长，就要注重细节的延伸，注重教学细节。

注重教学细节，这集中体现在教师的教学设计上，而注重课堂教学细节，其实就是注重课改理念能否落实到位，我们的教学设计行为，能否根据课改的要求重新塑造，只有这样，我们的课改才能真正取得实效，这些在农村学校更为重要，特别是城乡接合部学校，我们的学校就是如此，在教学时落实用教材、教教材的理念，这是课堂生成有效的保证，要用好教材，就是要在教学中体现新课程的理念，教师要起引路人的作用，让学生紧扣文本进行多元理解和独特感悟，个性飞扬而不随心所欲，思想驰骋而不胡思乱想，达到作者、编者、学生、教师四位一体的境界。这次在我们县举行的优质课竞赛活动中，我选的篇目是《谁是最可爱的人》，是一篇比较长的记叙文（通讯），探究课要在一课时内完成，注重教学细节是提高课堂教学质量的重要因素。我就抓住一个“笑”字，让学生展开丰富的想象，加入动作和其他的神态描写，进而丰富志愿军战士乐观、担当、爱国、淳朴、真实的一面，深入体会他们的“最可爱”。效果很好。注重教学细节，勤于反思，对于一个教师成长有至关重要的，同样只有师生互动的细节合理、精确、智慧、高效、和谐，才能使课堂教学达到一定境界的品位与追求，因此，注重教学细节是提高课堂教学质量的关键。

注重教学细节，有利于促进师生的共同发展，细节对于促进师生共同发展具有重要的推动作用。注重细节才能培养出具有健全人格的学生，教育是为了塑造健全的人格，而语文教学的人文性更能体现这一点，可以说是灵魂的教育教学，是教育的一部分，教学必须注重细枝末节，唯有落实到细节的教学，才可能是渗透灵魂的教育。新课改要求我们注重课堂中的每个环节，师生的每句话，甚至每一个表情，每个动作，甚至包括没有预想到的偶发事件，对它们的处理要体现出自然和谐、民主平等的原则，让学生感到自己处在一个具有良好心理安全和心理自由的空间，这是一种润物细无声的培养，给孩子健全人格的发展指引了方向。师生同读袁隆平写给母亲的一封信，我让全体同学起立，向国之骄子致敬，孩子们满含热泪。这样的细节，学生有可能会记一辈子。对教学细节的恰当处理，折射出教师的教改理念、教改策略、教育策略、教学功底和人格魅力。因此，新课改下对课堂教学细节的把握，队伍改造，反思与重塑，有利于深化教师的课改理念，增强课堂教学能力，从而提高专业水平

如何落实教学细节，看似平常，而平常中却蕴含着智慧。在语文教学中，我们应该怎样去注重教学中的细节问题呢？

积极培养敏锐的细节意识。细节意识具体地说就是人类对一些细节感知和把握的能力，这种能力可以使我们对事物做出正确的判断，对未来做出合理的预测。首先，培养敏锐的细节意识，应该从学习开始。当一位语文教师具有了系统扎实的语文专业知识，丰富的教育理论，独特的实践经验并广泛涉猎其他知识，那么，他对细节的把握能力、判断能力就会增强，所以，首先，语文教师应该通过不断学习来丰富自己的知识储备。其次，培养敏锐的细节意识，还要从小事做起，把小事做细，精益求精。要改变心浮气躁、浅尝辄止的毛病，沉下心来去关注教学的每一个细微之处，比如有教师在学生朗读时，注意用心倾听，不放过每一个细节，纠正

学生读错的每一个字，在学生讨论时，巡视指导及时到位。另外，如果教师上课时出口成章，展现出了其丰富的语文知识联想，而一个语文教师的风采对学生的教育起到了潜移默化的作用。相对而言，有的教师在学生朗读书时翻看自己的教案并没有倾听，对学生出现的错误也就无从发现。再就是，教师上课时若能熟记并且随时叫出学生的名字，学生就会感到获得了尊重，自然对教师产生了信任感、亲切感，这种情况下的教学效果往往会更好。

认真反思习以为常的教学细节。反思习以为常的教学行为应从教师日常的言谈举止、衣着打扮、教态、情绪等方面反思。要从日常的习惯、行为做法开始反思，教学过程中有许多看似应该或者正常的教学细节，实际上是不符合课程亲理念的要求的。我们常常这样上课，喜欢说些重复的话，做一些低效的讨论。如《春》的教学，有的教师在上课时问学生："你感受到春天了吗?" 比如设计一些无须讨论的问题，让学生讨论这样的课堂，看起来很活跃，气氛很热烈，实际这样的课堂是低效的，这些细节影响了课堂教学效果。比如：拖堂，教师要做到按时下课，即使有未完成的教学环节，但考虑到学生45分钟之后学生大脑的疲劳以及下课铃声响了之后注意力的转移，遇到这种情况，应该立即叫停，宁愿再找时间补上也不能拖堂。这样的细节如果不反思，一定会让学生厌学，额外增加学生学习时间也违背了国家的双减政策。再比如，教师不应居高临下。教师应走到学生中间，蹲下来欣赏学生，忘掉自己是教师，这不是刻意在寻找一种感觉，而完全是以一颗童心在心理上和学生相容，这是师生之间全方位的信任，是一种真正的师生情。尽量不当众批评学生，这样既保护了学生的自尊心，又尊重了学生的人格。有时一个真诚的微笑，一个善意的眼神，一句轻微的责备，带着微笑的轻声细语的分析开导，一个轻轻地拍拍肩膀的动作，就会使学生获得一种被关注、关爱的情感满足，使学生在获得知识的过程中，始终伴随着理解、信任、友爱、尊重、鼓舞的心理体验，通过教师的赏识教育，也能学会去欣赏别人，这对学生的成长至关重要。我们应该从学生发展为本的角度来反思我们习惯的做法，以教学实效来认真反思我们习惯的教学细节，而对这些细节的反思，会使我们经历新的感受，获得新的提高。

及时捕捉有亮点的教学细节。教学细节有着随机性的特点，只有在具体的师生双边活动中，才能彰显其价值，特别是在新课改下的语文教学中，很多精彩的教学细节是无法预设的，它生成于特定的情境中，形成于师生互动的偶发事件中。是在课堂教学中随着教学内容的展开、师生文本间思维的碰撞以及情感的深入交流而突发的灵感。比如教师在教学活动中恰如其分、比较幽默的语言，常常会引发阵阵笑声，这种幽默往往会比单纯的讲述更有吸引力，它会使学生在这种轻松的氛围中理解概念，更会激发学生对学习的热爱。教师只有及时敏锐地捕捉到这些细节，并使之成为教学中巧妙的切入点、升华点，才能生成高品质、有特色的精彩课堂。

在整个语文教学过程中，绝不能轻视教学细节的行为，抓住细节就是抓住了课堂的生命；注重教学细节，就是注重学生的成长；注重教学细节，就是注重新课改理念的落实；注重教学细节，就是追求课堂教学的实效。我们要从细节入手，培养细节意识，反思习以为常的细节，捕捉亮点细节，构建高效课堂。

第二部分 教学细节落实的内容及制度保障

第一节 教学细节落实的内容及意义

一、关于候课

（一）候课的好处

教师上课前至少提前三分钟到教室门口与学生见面。最初我认为这三分钟看似无关紧要，但是通过近来的实践，我发现候课制度确实有很多好处。

第一，能让教师调整好状态，使自己情绪得到稳定，进入角色。角色扮演需要有特定的环境和氛围，教师候课能使教师再次检查本堂课的准备情况，充分调整心态和精神状况，从而顺利完成角色转换而进入课堂教学的临战状态。尤其是在上午或下午第一节课时，如果没有“候课”这一环节，教师匆忙进入教室上课，往往会发挥失常、忙中出错，甚至可能走错教室上错课。而且，教师作为平常之人，自有喜怒哀乐，当然也会受教学以外的琐事困扰而不可避免地带有某种情绪，这种情绪是绝不可带进课堂的。所以，课前候课可以促使教师马上想到自己的职责而努力去缓释、消除不良情绪，酝酿和培育积极情绪，并且当教师看到学生安坐在座位上渴求知识盼望上课的神情时，自然而然也会产生一种教学的良好心境。并在心态、精神等方面主动加以合理调适，迅速进行角色转换及“热身”，从而使教学热情高涨，快速准确地步入教学前的“临阵状态”。尤其是对那些初登讲台的青年教师来说，课前候课更会起到稳定情绪、避免慌张、防止怯场的作用。

第二，教师候课有利于师生感情增进与良好师生关系的建立。教师与学生交流不仅仅是课堂上的传经布道，课外的交流更有利于师生之间的相互了解。候课是教师了解学生、分析学生的最好时机，教师在课前通过短暂的“察言观色”并与学生进行接触、沟通和交流，可以发现并探究他们的内心世界；与此同时，也使学生感受到了教师的亲近关爱和殷切期待，从而加深了彼此之间的了解，促进了师生间的情感交流，缩短了师生间的心理距离，消除了心理隔阂，增进了心理相容，密切了师生关系，从而达到了“亲其师信其道”之效。

第三，能够对一些偶发事件及时处理。学生在课间可能会打打闹闹，甚至会因为一些小事发生口角，闹得班上秩序大乱，影响课程进度的正常进行。所以教师提前到班，能及时处理一些状况，从而保证课堂秩序有效进行。试想当教师笑容可掬、面带春风地站在教室门口时，再顽皮的学生也会顿时受到感染而认真起来的；同时给没有做好上课准备的学生以提示，让其做好准备。显然，这有利于教学的顺利进行。预备铃响后教师站在门口可以使处在课间活跃状态的同学迅速回到教室准备上课，为教师顺势走上讲台提供条件。否则，上课时维持学生秩序，缩短了教学时间，对教师和学生都是一种损失。

第四，做好上课前的检查能避免慌张。有利于教师再次检查本堂课的准备状况，如个人仪表是否整洁，教具有无遗漏等，现在许多教师都用课件进行上课，如果上课时电脑或课件发生问题，教师就会心理紧张，手忙脚乱。所以教师提前进入教室，可以将教学设备检查一下，课件重新演示一遍，做最后的备课，从而避免上课时可能出现的手忙脚乱的状况。

第五，能够更多地了解学生，加强与学生的沟通，营造良好的教学氛围。良好的课堂秩序是教师进行课堂教学的重要保证，轻松愉快的学习氛围是学生学习质量的保障。教师“提前到堂”，一方面是教师在以自己的实际行动暗示学生：马上就要上课了，应快速进入教室，回到自己的座位上；另一方面也在间接提醒学生下面该上什么课了，应提前做好学习的准备等。我们知道，学生在从家到学校的路上或在课间休息时，大多都在闲谈、戏闹、做游戏、议论或思考上一节课的内容，此时，他们的注意力主要指向和集中于上述活动之中。教师的到来会使他们明白即将开始的课是一节什么课，而主动把注意力从上述注意对象中迅速转移到教师即将上的课中来，及时进入学习的准备状态，从而保证了课堂教学的正常而有序地进行，确保课堂教学获得良好的效果。

第六，教师候课有利于学生思想教育和班集体建设。教师坚持长期课前候课不仅会养成教师认真负责、严于律己的工作态度和作风，而且会增强学生的时间观念，提高其自我控制能力并促使其逐渐养成惜时如金的良好行为习惯。况且，教师自身作为一种影响学生发展的重要教育手段，其言行举止时时刻刻都为学生所效仿。教师候课正是教师守时重教、尊生爱生、敬业奉献的重要体现，更是学生直接学习的表率。因此，教师课前候课这种身教无形之中会在学生心目中塑造起教师可亲可敬的良好形象，形成榜样力量而对学生起到"润物细无声"的感染、熏陶作用。不仅如此，对学生而言，教师课前候课会使班级内的每个学生都能够在教师面前主动反思自己的不良言行，做到自省其身，自觉地遵守课堂常规和班集体的各种公约并积极进行自我监督、自我管理和自我教育，这都为良好班风的形成创造了有利条件，从而大大增强了班集体的凝聚力和向心力。

作为教师，我们都希望能够做好教学工作。其实，只要某件事对学生的教学有利，我们就应该去努力实践，不必在意其他细枝末节的东西。候课虽然只是提前几分钟等候那么简单的事情，可是它反映的却是一个教师的素质，更何况管理好学生有一个不断摸索的过程，作为实习教师我们的经验又少，开始的时候更容易遇到问题，更需要我们谨慎地去工作。这一细小环节对我们而言，体现着教师对课堂教学的认真程度，反映出教师的组织管理水平。既然这是一件如此简单而又重要的事情，那么我们何乐而不为呢！

（二）候课的内容与方法

1. 教师候课的内容：布置预习任务；打开电子白板；提示学生尽快进入学习状态；检查学生课前准备。

第一，教师应于课前再次检查一下自己本节课的准备情况，确保万无一失。可以利用候课的这段时间看看教具有无遗漏，特别是在运用电化教学手段时，更须仔细检查一下多媒体是否正常，避免因教具准备不足而产生不必要的干扰，影响教学过程的顺利进展。教师还要注意检查一下自己的衣着打扮，以免因衣着打扮不适而转移学生的学习注意力，影响其学习。当学生全部进入教室后，教师应站在门口环视全班学生，督促他们快速、安全地回到各自的座位上坐好，并把本节课需要使用的学习用具放好。

第二，教师要在临上讲台前的几分钟里做最后的“备课”，可以在心中把本节课的教学重点难点、教学步骤等再进行通盘考虑以做出相应的调整、增补或删减等，发现教学中可能出现的问题及时做好处置“预案”，以使上课变得更加主动、自如、连贯、顺畅；应注意酝酿和保持自身良好的教学情绪，因为教师本人的情绪对学生有很大的感染力。它能使学生自始至终精神饱满，由衷地敬佩教师、愿意接受教师的教育。教师要善于利用情绪产生的情景性、表现的冲动性和外显性、影响的感染性等特点，运用激励、暗示等多种手段和方式来稳定和调控学生的情绪，促其产生朝气蓬勃、思维活跃、想象丰富等良好心理状态，并使其学习情绪得到高涨，做好上课的精神准备工作，从而以旺盛的精力和良好的学习状态迎接教师讲课。例如，通过点名让学生保持安静及时做好上课准备；通过值日生汇报来集中全班学生的注意力；通过与学生一起做一些有趣的游戏来调动他们对课堂教学活动的兴趣及积极性等。

2. 教师候课应注意的问题

教师课前候课作为一种应用性较强的教学组织艺术，需要教师在教学工作实践中不断地去积极研究、主动探索以使其不断得到完善和发展。但仍有一些问题教师应倍加注意。

忌迟到。现实中，候课这一常规工作往往被一些教师所忽视，以致常常踩着上课铃声匆匆走向教室，进入教室后便立即登台讲课。可以想象，当教师走进教室时看到的可能是一片学生翻包掏桌找课本、寻学具的情景，此情此景既会破坏教师上课的心情，又将使教师浪费宝贵的教学时间去整顿课堂纪律和课堂秩序。这样一来不仅会人为地缩短课时，破坏课堂教学时间的完整性，而且此时的学生情绪还没有稳定，未进入听课学习的状态，再加上教师情绪一时半会不得平息的影响，最终将导致教学内容得不到有效传授，课堂教学效果得不到有效保证。教师自身的不守时、常迟到也为学生树立了反面典型，这既有损教师在学生心目中的形象和威信，又不能唤起学生对教师所授课程的重视，从而影响了学习质量。

忌教室外候课。有的教师喜欢在教室外面站着静等上课铃声的响起，然后伴着铃声缓步进课堂。这种做法不利于课堂教学的组织管理，影响学生有效学习以及课堂教学的时间和质量。

忌利用候课时间对学生进行说教。教师尤其是班主任老师往往在课前几分钟总结本班近期情况，针对班里出现的问题而对学生进行批评教育。如此做法可能会造成课堂气氛的压抑和学生心理的紧张不安等，进而影响学生的学习。

忌利用候课时间评讲作业和试卷。有的教师把本该在课堂上或在自习课上评讲的作业提前到了课前几分钟来进行，无形中延长了课时，加重了学生的负担，有害于他们的身心健康发展。而且，候课时间也不宜发放测验试卷或宣布考试成绩，如此易使学生把注意力集中在试卷上，或引起学生消极的情绪波动，影响他们对新课的关注度，得不偿失。

二、备课怎么备？备什么？

首先要明确的问题是：备课≠写教案≠拼凑教案≠抄教案≠编制导学案≠制作课件。备课=阅读与思考+思考可视化（撰写教案）+制作课件+训练技能与内容消化。

集中集体智慧备课流程：自主备课——主备人现场展示的同时备课教研组备课磨课——专家指导备课——主备人（注意备课课件要求：三清、两反。三清：环节清、目标清、时间清；两反：一个点一个点地抠，当即反馈最佳方法和教学措施。必须有当堂测试反馈环节。）

撰写教案流程：阅读思考研究——撰写教案——制作课件——技能训练——内容消化——主干问题设计——练习设计

研究课标、研读教参、研读文本、阅读教材分析、研究课后习题试卷，研究学情（学生知识、能力、经验、思维起点与新授内容逻辑起点之间关系）；依据课程资源、学情设计学习目标、学习内容、学习方法、学习评价；对要求有感情地朗诵的内容，自己要先练一练，对要在黑板上示范的生字、地图自己要写一写、画一画，只有这样，教师示范时才有底气；对备课内容要融会贯通、熟记于心，即上课时心中有标，要脱稿；学生问题、教师问题、课标问题，厘清问题之间的关系，对现有的问题进行整合，构成主干问题，在研究主干问题的过程中学会解决实际问题；作业练习要与目标设计照应、匹配。

学情备课之建模思维法：比如，语文文章开头一段的某一句话在文章中的作用，中间某段或句的作用，最后一段某句的作用。大多数情况下，对于这种题型我们可以从两个方面来回答：对于第一段的问题，从结构上来说，是落笔点题，点明文章的中心，开门见山，总领全文，或起到引起下文的作用；从内容上来说，是为下文做好铺垫和衬托，为后面某某内容的描写打下伏笔。中间某段的问题，在结构上是起到承上启下、过渡的作用。最后一段或某句的作用是总结全文，点明文章主旨，让人回味无穷，并与题目相照应。备学情时给学生一个模式，让学生学习。

三、课堂重细节促高效

为了对学生进行自主管理细节教育，就得时时处处注意细节的把握。

用好课堂上的黄金学习期。上课5分钟后到20分钟，这段时间是一节课的黄金学习期，在黄金学习期，必须确保处理本节课的重难点，切忌导入时间过长，处理昨天作业问题时间过长、处理班级事务时间过长，试想，若学生心智疲劳后讲新课、讲重难点，学生接受效率低，造成学不会或知识夹生，第二天不得不再讲再强调，走入恶性循环怪圈。从学生眼神、表情及提问时学生回答情况判断学生是否掌握。比如提问学生一个问题时，若遇到如下情况：第一个学生不会，第二个学生回答不完整，第三个学生回答虽完整，但思维条理混杂，第四个学生条理清晰、有理有据说出答案，教师千万不要如释重负一样，认为学生总算会了。这里要提醒的是，从上述学情看，至少有一半学生还没掌握，需要教师进行重新梳理或换一种方法再讲一遍，这是极有必要的，否则会造成夹生现象。

关注课堂提问的两个3~5秒的黄金等待期。第一个黄金等待期是提出问题后，要留3~5秒等待时间（候答距），让学生深度思考，不提倡急于举手，这样会造成学生答案是浅层次的或是不全面的，更忌先叫学生，再说要回答的问题；第二个黄金等待期指的是点名让学生回答问题后，要留3~5秒反思期，让回答问题的学生修改、补充自己答案，让其余学生先概括前者发言要点，思考自己答案与学生的答案有什么关联，还要思考如何有理有据质疑补充。不鼓励学生快速举手，引导学生深度思考；快速举手的学生答案多是肤浅、不完整的；学生回答完毕也不必急忙评价，要给回答问题的学生和听讲学生补充、思考时间；讲到重难点时要有引起学生注意提示语，同时借助升调变换、放慢语速突破重难点。对重点题，教师讲后，先让中等生再讲，最后让学困生复述。

正确处理讲练、练与考的关系。三分在讲（课堂），七分在练习、考试；只讲不练、多讲少练、少讲多练、精讲巧练教学效果依次递增。喜欢利用自习课进行讲解的教师所带班级的平均分虽可以，但没有尖子生；自习课采取让学生练、教师改而一点儿不讲班级，班级有尖子生但两极分化严重。平常练习如考试一样要求规范，那么大考才能像练习一样自然。即练习如考试，做作业是考试，考试如练习做作业。这里要注意批作业的问题：课堂上教师对学生作业若采用逐一批改，效果很好，但学生排队等的时间较长，教师批改时间也较长，造成部分学生时间浪费。课堂上逐一检查落实可以这样做——分层作业，错峰检查。一部分学生做完第 1 题，就接受检查，当看到检查人多时，可继续做第 2 题，做完后再接受检查，若人还较多，还可继续做完第 3 题，再让检查，这种错峰检查避免了无所事事，杜绝了白白浪费时间问题。学生课堂作业还可实行免检、抽检、必检动态管理，免检让学生有信任感、优越感、成就感。

课堂上要用最小代价、最短时间处理课堂偶发事件。要学会不怒自威。微违纪，不处理；小违纪，小处理，大违纪，大处理。千万不要“高射炮打蚊子——大材小用”，否则，遇到学生严重违纪，你就束手无策，无计可施了。

还有很多的小细节，比如，尽量手举过头顶或侧身板书，规范书写，字体适中，防止板书太靠黑板下方，因遮挡而使后排学生看不到。要求学生课桌上不准放与学习无关的东西，用过的学具及时归位，奖品课后再发或放到一定的地方。示范要让学生看到，板书要保证所有学生能看清楚，防止课桌上摆放的物品对学生学习的干扰。与学生要有目光交流，有互动。学生缺少与教师目光交流或缺少教师关注时会影响听课接受效果。因此教师在讲台上对例题讲解或板书时不要固定站在讲台一边，而要交换站立侧身讲解。处理课堂违纪、偶发事件重在控制事态，原则上不要超过一分钟。教师巡视走动，关注薄弱小组、关注成绩弱的学生、关注答案的多样性、确定发言人，拿笔及时流动批改并用一句话或手势评价；候课时、讨论时、提问时、练习时不站讲台；前门进，后门出；值日班长背对学生接受等级评价；零距离跑时排与排之间的距离不能塞进竖着的手指；激情朗读时书本的底部与校徽齐平……

四、关于作业

让学生懂得并养成科学做作业的流程习惯。复习时比如英语作业先整理复习课堂笔记，再记生单词；数学先看例题，背记概念公式。做题时，不准翻书，规范作答，实在不会的再翻书、查阅资料、问同学，看优秀学生作业，但必须在问明白、看懂的前提下用铅笔或红笔书写，第二天再温习一遍、再做一遍或接受红笔题小组长抽查。检查时，教给学生检查作业的方法，比如数学学科：遮住答案再算一遍；演草纸分区书写，借助演草纸检查。

对学科作业提出个性化要求。比如作文：写完后自己读一遍，改标点、错别字、病句；让作文评委小组再读一遍，用红笔订正错别字，签名。政史地等学科让学生克服为完成作业而做作业的恶习，即照课本抄写答案，我称之为答案搬家，尽量要合上书闭卷作答。增加作业附加部分，要征求学生意见，比如，本次作业用时几分钟；我采用什么检查方法。分层布置作业时，学困生与优等生做作业时间应同样长。在学校调研时发现了一个问题，多数教师在布置作业时，采用的是学困生只做1题，优等生做1、2、3、4题，这样会造成给学困生布置的作业题量少，学困生用时非常少。做完作业后，无所事事。一测验，必须掌握的知识点学困生还是没掌握。学困生因基础差，理解力弱，思维迟缓，知识不能系统组块，因而更需要对必须掌握的知识点进行大量变式训练才能掌握。若练习量过少，必须掌握知识点学困生照样掌握不好。因此，学困生作业更需要变式训练、创意设计；同时，要保证学困生与优等生做作业时间应大致相当，而不是学困生做作业时间远远少于优等生。试想，优等生看来比较基础的题，对学困生来说，也许就是难题，他需要大量变式训练巩固，方能消化理解掌握。课下作业实在不会的可以抄作业、对答案。

同学之间合作互留互批作业，成果展示汇报。让学生互相留题并解释留每道题的原因，批完作业的评语及改正。教师角色变成协助，帮助辅导。课堂上留写学习整理卡时间。整理卡可分三大部分：一是知识点、认知策略、学习策略即解决问题及方法进行系统梳理；二是课堂上疑存有待解决问题，学后自己又提出新的问题是什么？三是围绕所学内容创编一至两道有代表性的习题。这样做的好处是：说出来再写出来是二次提升；创编题比做题更有价值；知道困惑问题、发现新问题比解决问题更有价值。内容、认知策略、元认知策略三维总结效能远远高于单一知识点层面的总结；用技术工具总结利于思维可视化。一个“学习成果单”就像是一篇反思总结应用创新的文章，是学习效果可视化的“产品”。教材上的任何一章、任何一节都可以作为成果的主题。可以是对教材的认识和理解，可以是个人观点陈述，还可以是应用之后的新见解与创造，当然也可以是动手制作“产品”。独立完成，能做多少算多少，不会的先空着。允许通过翻书、查看笔记、参考研究他人作业、请教他人的方式把不会的题补做出来，即看懂、听懂补做（再抄），同时必须用红笔在题号前打上符号，以提醒自己，第二天对红笔标注题要进行复习消化。同时小组 B 对组员红笔写的题进行过关批阅，每周还要对本周多次作业中的错题集中进行抽检，促其巩固掌握。

不可忽视学生试卷中隐性不会的题。对学生做错的题，无论教师还是学生本人都应重视起来，通过找错因、规范订正、找同类题巩固、梳理涉及知识点等纠错方式，达到少犯或不犯重复性错误的目的。然而我发现考试时，有相当大一部分学生在做选择填空、判断题时，并不是真正会做，而是凭运气或感觉选对。教师或学生自己对试卷中表面做对但隐性不会的题常常会忽视，造成纠错盲点。我对填空题、选择题采取的是小题大做方法，即当成一道大题，写出完整步骤，写明原因，一个选择题有时候就是 8 个填空题，这样让学生达到不但知其然，而且知其所以然的目的。

五、关于语文课后实践作业

语文是实践性很强的课程，应着重培养学生的语文实践能力，而培养这种能力的主要途径就是语文实践。学习语文的资源和实践机会无处不在。教师要充分利用现实生活中的语文教学资源，开展丰富多彩的语文实践活动，拓宽语文学习内容、形式与渠道，使学生在广阔的空间里学语文、用语文，缩短文字与情感的距离，学用结合。教师通过作业把学生引向家庭、引向社会、引向生活，显示作业的实践性。

“口语表达型”作业设计。学生在家，可谓无拘无束，畅所欲言，为此可有目的地让学生进行口语练习。如在学《范进中举》后，我就让学生回去给家长讲讲范进中举的故事，向别人讲述故事的过程，是学生对作品理解的过程，也是对文本进行再创作的过程。如在学习议论文单元的同时，我要求学生回去规劝父母改正陋习并讲清为什么要他们改正，或是通过交流与父母探讨他们自己种种要求的原因，或向父母表达自己的愿望，并想办法让愿望实现。学生在家人面前“显示本领”，往往十分认真，而家长直接听孩子“演讲”，又随时对孩子加以点拨，这种学生与家长之间的双向互动，填补了教师不在时的空白，其效果是不言而喻的。

“观察体验型”作业设计。培养学生的观察能力是每一个语文教师必须要落实到教学活动中的任务之一，这可以为学生积累丰富的写作素材，还能培养学生对生活的热爱之情。苏霍姆林斯基曾经说过，对于智慧而言，观察是重要的能源。所以，语文教师在设计作业的时候应当结合教学内容设计观察类作业，以此丰富学生的生活积累，提升学生的观察能力。在这个基础上，语文教师还可以引导学生从多个角度、多个渠道去观察生活，从而了解社会。只有当学生全面了解社会，才能有独到的见解和深刻的思考，说出来的话语才洋溢着生活的气息，具有鲜明的时代性和深刻的思想性。例如，在学习完朱自清的《春》之后，我和学生一起在校园里走一走，到校外的树林里看一看，到花丛里去嗅一嗅，躺在草地上滚一滚，亲身体会春天的美好，以及如何把这种景的美好写出来，把对生活的热爱表达出来。这种观察体验型作业可以深化学生对生活的感悟，促进学生语文实践能力和语文素养的全面提升。

探究性作业的设计。探究性作业是一种以培养学生探究能力为核心的语文作业类型。相对于其他类型的作业而言，探究性作业需要学生开动思维并发挥自身的主观能动性。准确点说，探究性作业主要是指语文教师根据实际情况对学生进行启发引导，使学生结合生活实际中的某个问题或者以语文教材中的内容为探究内容，通过自主探究或合作探究的学习方式获取相关知识的一种作业。在教学实践中，语文教师要结合教学实践性设计探究作业，以此培养学生的探究能力。例如，在学习完《皇帝的新装》这篇课文之后，教师可以布置课堂探究作业，让学生以小组为单位探讨一下这篇文章所讲述的寓意。通过小组合作探究，学生对文章内容的理解也就更加深入，清楚地了解到这篇文章想要告诉我们这样一个道理：做人一定要保持心地纯真、纯洁，做一个真诚的人。对于社会现实中的不良现象要敢于反对，敢于说真话，让社会充满真善美。在学生掌握这一点之后，教师可以再给学生布置课后探究性作业，让学生结合自己身边的事情或者从电视、网络中看到的新闻说一说现实中有哪些“裁缝”“小孩”“皇帝”，并且根据相关的事件阐述自己的观点。这种探究性作业不仅可以增强学生的学习体验，还能提升学生的探究能力和思维能力。

表演性作业的设计。表演性作业就是一种以“表演”为核心的作业类型。体现在初中语文学科中，主要是指语文教师指导学生根据教材中的课文内容进行课本剧排练。这种类型的作业不仅可以深化学生对课文的熟悉程度，还能培养学生的创造能力、形象思维能力、阅读能力和鉴赏能力。例如，在学习《邹忌讽齐王纳谏》这篇课文之前，教师可以给学生布置表演性作业，让学生以小组为单位将这篇文章改编成一个历史剧，然后对这个历史剧进行排练，可以增加台词、动作、角色，也可以适当地修改和删减台词，但是不能偏离文章的中心思想和历史事实，尽可能以最简单易懂、形象生动的课本剧形式将其展现出来。这样，学生在课前的时候就要预习课文并且通过查阅资料、询问教师、与同学探讨等方式解决阅读过程中遇到的所有障碍。为了将这个故事在不偏离原意的基础上以形象生动的方式展现出来，学生需要查阅很多相关资料，全方位且深入了解这篇文章的创作背景、作者生平经历等信息。除此之外，学生在扮演角色的过程中，还要对人物的形态、语言、心理活动等进行仔细揣摩，从而做到全面把握。在这个过程中，学生对文章的阅读深度可得到进一步拓展，在上课之前基本上已经完全掌握文章内容。这种类型的前置性作业不仅可以让教师在课堂上教得轻松，还能拓宽学生的阅读深度，实现对学生语言表达能力、团队协作能力、信息资料收集和分析能力的有效培养。

"搜集整理型"作业。这类作业的布置可因人而异，一方面可根据学生爱好的不同，引导他们搜集邮票、图片等。让他们选择自己喜欢的内容贴在专门的作业本上，并根据画面的内容写一些作品简介，还可以让学生对搜集的内容进行分类，如"诗和远方""风景这边独好""乡村的民俗""伟人的风采""辉煌的成就"……另一方面可进行"语言知识"的搜集。可让学生从书报杂志、广播电视以及网络中去搜集一些名言警句、趣味常识；还可到群众中搜集谚语俗语，至理名言等。节假日建议学生一起做一些社会调查，写好"生活花絮"。学生自由组合成调查小组，上街"找寻身边的错别字"活动；要求学生每天看新闻、说新闻；到大街小巷收集广告语、警示语进行交流……

总之，多年的语文教学实践告诉我：语文教学绝不可唯"应试"是从，使学生陷入各种机械的题海中。语文作业的内容应是丰富多彩的，形式应是多样开放的，能极大地调动学生的学习兴趣，确立以学生为本，新颖多样、面向全体、学以致用的语文作业观，要树立起新的语文作业设计理念，使学生的个性在这里得以张扬，使学生的人格在这里得到尊重，使学生的情感在这里得到体验，使学生的生命在这里得到发展。

第二节 | 教学细节管理的制度保障

一、候课制度

候课要求：1. 授课教师在正式上课之前2~3分钟带好教案、教具在教室门口等候。2. 教师候课时要提示学生快速进入教室做好课前准备。3. 教师利用候课时间与学生交谈，进一步了解学生，增进师生情感。4. 教师发型、服装变化时，利用候课在学生中走动，微笑着与学生打招呼，让学生熟悉变化，以免上课分神。5. 教师可利用候课做与上课有关的游戏，活动，为上课做好铺垫。

候课保障：1. 团队负责人对本团队教师候课情况要进行经常性检查，并定期将检查情况汇报教导处。2. 教导处每周抽查三至五次，实行“失误诫勉累加”，候课不到位作为小型工作失误做好记录，记录将向学校汇报，并填入教师个人业务考核表。3. 学校领导不定期抽查，并根据情况在教职工大会上对候课做阶段性总结，对于按时候课的教师予以表彰奖励。学期末要求教师将自己的候课情况单独写入个人总结。

二、备授课制度

教师个人备课制度：1. 要保证备课时间，每位教师每天至少保证一个小时的个人备课时间。2. 备课要突出一个“细”字，具体要求是：深入钻研新课标，掌握教材，使教学有科学性；全面了解学生，分析研究学情，使教学有针对性；认真选择教法，精心设计教学过程，使教学有艺术性。3. 备课要做到五备：备课标、备教材、备方法、备学生、备学法。4. 教案做到：书写工整，步骤清晰，实用性强，有课题、时间、目标、重点难点、教学过程（四环双测五步教学法）、板书设计、教后反思。

集体备课制度：1. 以学科组为单位，每周进行一次集体备课。2. 备课时要做到：四定（定时间，定地点，定内容，定中心发言人）；四研究（研究教学重点难点、关键点、研究教法学法、研究创新点）；四统（统一教学目标、统一教学进度、统一作业量、统一测试内容）。3. 学科组长确定中心发言人、记录人，共同交流教学过程和方法等，上交集体备课记录。

教师授课制度：1. 开齐课程，开足课时，不随便增减课时。2. 重视教书育人方法，灵活调动学生积极性，启发学生主动性。3. 教师授课要遵循六个原则：教师为主导，学生为主体，训练为主线，思维为核心，能力为目标，育人为目的。4. 教师要做到三要四不准五精心。三要：要在上课铃响前在教室门前等候；要衣着得体，精神饱满，因材施教；要语言规范、清晰、指令明确。四不准：不准随便迟到、拖堂、换课、随意离开课堂；不准在课堂上无休止地批评学生、把学生撵出课堂；不准在课堂内吸烟或做与教学无关的事；不准坐着给学生上课。五精心：精心设计导语和过渡语；精心安排教学环节，做到重点突出，难点突破；精心安排教学方法，精心选择教学方法，做到精讲精练，精心设计练习题，做到梯度密度合理；五，精心设计板书，做到纲目清楚，直观形象。

三、教学监控管理制度

课堂教学是教学的基本形式，是各教学环节的关键部分。管理好课堂教学对提高教学质量，有极其重要的意义。为规范课堂教学保证正常的课堂教学秩序，不断提高教学质量特制定本规定。

（一）教师教学方面

教师要组织课堂教学，讲好每一节课。总的要求是：

根据本课程教学大纲的要求，贯彻少而精的原则，实行启发式教学，理论联系实际，深入浅出地阐明本课的深度、广度、重点、难点，做到概念清楚、条理分明、重点突出、表达生动、启发学生积极思维，既注重基本知识的传授，又重视学生能力的培养、智力的开发，上课时应携带教案。

讲课有热情、有感染力、精神饱满，能吸引学生注意力。一堂课要解决一堂课的问题，使学生明确本堂课在本门课程中的重要作用，以提高学生学习的自觉性和积极性。目的明确、思路清楚。做到循序渐进，层次分明，合乎逻辑，基本概念和结论明确，提出问题，阐明问题的来龙去脉和解决问题的方法，把学生带到深入探讨问题的境界，给予学生思考、联想、创新的启迪。对问题的阐述简练准确，重点突出。做到主次分明，详略适当。既要有较大的信息量，又要富于启发性。重点和难点应该讲深讲透。对课程内容娴熟，运用自如，语言精练、生动、准确，切忌平铺直叙，枯燥乏味。善于运用各种现代化教学手段和其他教学手段，充分发挥多媒体、模型、图表和实物的作用。加强直观教学和形象化教学，以增强学生感性知识，易于理解讲授内容。不断进行课堂教学的改革试验，包括精选教学内容，改革教学方法，教学内容能反映或联系学科发展的新思想、新概念、新成果等。重视教书育人。结合课程内容，渗透思想教育，既教书又育人。教师对学生既要关心热爱，又要严格要求，对学生有高度责任感，关心学生成长，鼓励学生进步，主动维护课堂教学秩序。严格遵守学校规定的作息时间，提前10分钟到达上课地点（尤其是使用多媒体技术授课的教师），确保充足的课堂教学准备时间。按时上、下课，上课时应说“上课”，下课时应说“下课”。课堂上关闭通信工具，无特殊情况不得拖堂，恰当分配课堂教学时间。板书简洁、清晰、规范。任课教师一般不得调课。因故必需调课、停课或代课者，须提前三天到教务科填写申请单，经教研室主任、教学副院长签字，报教务处审核同意后方可实施。

（二）学生学习方面

学生必须提前进入教室，并依次坐好，不得迟到、早退或旷课，因故迟到或特殊情况需早退时，必须经教师同意，方可出入教室。上课时，无关人员不得进入教室或将师生叫离教室。（B号同学负责）学生进入教室、实验室应注意衣着整洁，必须按教室（实验室）着装要求进入教室（实验室）。（C号同学负责）学生应该高度重视课堂教学环节，按照教学计划上好每一节课。上课要专心听讲，做好笔记，努力提高听课效率。（A号同学负责）学生对课堂教学如有意见时，在不便向教师直接反映的情况下，可实事求是地向教务处或学校有关部门反映，以帮助教师改进教学工作。学校设有校长信箱，也可以通过书信方式反映问题。学生要轮流值日，负责课前擦黑板，帮助教师取送演示仪器、教学器材等。课间出入教室要有秩序，要先出后进。上课前后不得在教学楼内拥挤、喧闹，不得擅自闯入教室干扰课堂教学的进行。（D号同学负责）为了更好地接受课堂上的讲授内容，提高课堂教学质量，学生必须按教师的要求，有计划地、合理地进行预习、复习、完成作业。（值日班长负责）

（三）教与学的管理落地

学校成立有专门教学监控中心和教师专家团队。这两个部门负责每周检查评价教师们的备课，监控听课和推门听课来监督师生的课堂行为和效果，并按 A\B\C\D 四档打分，计入该教师的综合考核。学期末，对优秀的教师进行大会表彰，号召全体教师现场观摩其业务材料，聆听其示范课，真正起到见贤思齐的带动作用。

积分制备课检查。过去教案检查主要看谁写的工整、谁写的页数多、数量够不够，而我们现在从备课过程考核、备课超规定付出劳动量多少、教案改进、教案内容消化与技能训练等方面对教师备课进行全面系统的评价。

1. 设立动态随机抽查教案机制。针对教师课前抄教案，课堂上用不上；课后补教案，应付检查的现实，变固定时间检查教案为随机抽查教案。具体方法如下：当天值日教师、值日领导、学科组长，分别随机抽查两个教师的教案，或问学生或与黑板上板书内容比照，看所授内容与教案是否基本相符（当然允许提倡课堂上动态生成，但预设还得充分），并在教案上签字，并注明该教案与所教的内容是否相符及相应的等级。为了避免领导既当运动员，又当裁判员，如果当天学校领导成员有课，应主动让值日教师检查（注：教师不好意思主动检查领导的教案），否则按无教案论处。

2. 对教师备课过程阅读思考采取痕迹复查及裸考形式进行。一查课标、教参、教材分析是否勾画、批注；二查课本、练习册、试卷中习题是否提前做过；三查不带任何资料能否说出单元目标或课时目标。

3. 备课结果消化与技能训练采取随机抽查形式考评。语文重点抽查朗读、书写；共同考核对目标把握、知识点层级要求理解、主干问题与活动设计等。

4. 教案改进提升，实行“1+1”改进与落实加分激励。传统教案由教导处检查，旨在甄别、评判、考核，我推出的 1+1 教案检查旨在同事之间互相取长补短，共同学习，共同进步。操作方法是：变月检查为以学科组为单位互相研讨学习教案编写。第一步观察同事教案，填写观同事教案心得：向同事提一个急需改进的地方，自己可以借鉴学习该同事的一个优点；推荐优秀教案人选。第二步学校汇总后，以反馈卡形式反馈给相应教师。第三步每个人从同事建议改进栏目中和学习别人长处栏目中各选择一项加以落实，即学习别人一个优点，改进自己一个缺点，简称 1+1。第四步下个月先检查 1+1 改进情况，再提出新的 1+1，如此循环，螺旋提升。优秀教案评选变暗箱操作为阳光操作，同时评选过程就是分享提高改进的过程，就是成长过程。

学生表现按本班小组任务分工真实记录，最后由学生会和教育处负责管理评价，评价得分每周一汇总，一月一表彰。

自主与合作细节打磨之教学践行篇

第一部分 自主与合作细节打磨在语文细节教学中的践行

在语文教学实践中，有时我们忽视了教学细节或是对其挖掘不深、处理不当，导致精心准备的一堂语文课缺失了个人光彩与自我智慧。其实，教学活动是由一个一个的细节构成的。细节虽小，却能透射出教育的大理念、大智慧，所以，成功的教学必定离不开精彩的细节。因此，在日常教学中，我们应力求打造完美细节，彰显细节魅力。

"细节"，按字面上的理解，细者，小也；节者，单位或要点也。《汉语大词典》释为"细小的环节和情节"。我们这里讨论的"细节"，形成于特定的教学情境中，是构成教学行为的外显的最小单位，表现为多样的格式和复杂的结构，具有独立的教学价值和意义。细节表现的是教学过程的变化、灵动和创造，透视的是教师对理念的实践把握。比如语文早读：教师向学生明确早读目标，要求具体、可操作、可检测、分层，并明确诵读记忆时间；学生选择适合自己的记忆方式诵读记忆。可大声读也可小声读甚至默读；可坐着读，也可站着读甚至选择位置读；可在室内读也可在室外读；可个人读，也可对读、群读；可先读后写也可边读边写；可借助关键词、逻辑关系等寻找规律读记也可借助思维导图读记等。5 分钟早读效果检测。背诵过关，默写过关，有布置必须有检查。优等生不能陪读，规定早读目标完成后，要让其养成自定、及时启动个人早读目标。整个早读中要设领读员。学困生语文英语不会背的原因是字词不认识不会读，在大部分学生开始背书时，把学困生单独集中在教室后面，帮助学困生先会读，然后再回到座位上去背诵、去记忆。这样的早读处理好了三个关系：

早读内容与正课学习之间的关系；有感情朗读与背诵、记忆知识点的关系；共读内容与学生自选内容、查漏补缺的关系。最忌讳早读变成教师讲课，变成班级事务处理课，目标任务要求一刀切。

在生成性教学问题中，彰显细节魅力。叶澜老师曾说："课堂应是向未知方向挺进的旅程，随时都有可能发现意外的通道和美丽的图景，而不是一切必须遵循固定线路而没有激情的行程。"在语文教学中出现于备课意料之外的"生成性教学问题"也是不足为奇的。关键是要善于捕捉有价值的细节，抓住时机，因势利导，深入挖掘。如果处理得好，就会成为整个教学过程的亮点，有时竟会达到"无心插柳柳成荫"的出乎意料的教学效果。

我追求的语文课是本色的语文课；我追求的教学风格是"自然、和谐、厚实、大气"；我追求的语文课堂教学境界是和谐——"人"与"人"的和谐、内容与形式的和谐、语文与非语文的和谐。我追求的阅读教学是以听、说、读、写能力为主的语文素养的全面提高；我追求的写作教学是引导学生写出平平常常的好文章。在上课前，教师会尽可能地去预设课堂教学中将要发生的问题，由于课堂教学的重要特点是动态生成的，预设固然重要，但预设再充分，也不可能预见课堂教学中所有可能发生的一切。如果这种情况发生，教师还按预定的教案中的"知识""教学任务"教学，千方百计地把学生拉到自己的教学思路中来，绝不允许学生出"格"，这样的课很难焕发生命的活力。我们应该遵循动态生成式的教学规律，运用我们的教学机制，在课堂上要永远对课堂中的"人"充满真切关注和终极关怀，要让教学细节回归"生命关怀"的教育本质，有效触动学生心灵，让灵动的智慧和人文的光辉盈溢课堂。珍视教学细节，因为一个个细节就是教师教育观念的一种流露，是教师教学风格的一种表达，是教师教育能力的一种体现，在细节处见精神、显功夫，在善于抓住细节的同时，彰显细节的魅力。

在板书设计的变化中，彰显细节魅力。王松泉先生说："板书是反映课文内容的镜子，展现作品场面的屏幕；是教师教学引人入胜的导游图，学生学习中掌握真谛的显微镜；是开启学生思路的钥匙，进入知识宝库的大门；是每堂课的眼睛，读写结合的桥梁……”因而教师在板书设计中，不应总是遵循同一模式、一成不变、毫无新意。应当在板书设计中寻求变化，使其具有独特风格，给人以独特美感，这也是细节的艺术魅力的体现。

图文式板书设计。教师在板书设计中，可以根据教学内容的不同，学生欣赏、理解水平的差异，结合自己的特长爱好，创造性地把简笔画等图画引入板书中。如：《驿路梨花》中教师为了再现文中小木屋的形象，可用简笔勾画出其形状，再在门两侧写上对联，来表现以梨花为代表的青年一代的优秀品质和雷锋精神的传承、发展。其形式新颖，可使学生深刻理解文章的主题。

醒目式板书设计。教师可用不同符号、字体、色彩或勾画或圈点或调整字体大小等手段，在板书设计时凸现文本精要内容，做到醒目和悦目，牢牢地吸引住学生注意力。如：《山羊坡·潼关怀古》中，为突出“兴”“亡”两字，可将两字对举，字体颜色设为醒目的红色，字号也可适当放大，再配以箭头符号指向文章主题“百姓苦”。三处均标以醒目的方框，这样不仅使学生深刻理解了小令的主题，也体会了词语的精练。板书设计形象、鲜明。

唯美式板书设计。板书不仅是一门科学也是一门艺术，它既能传递知识，又能带给学生美感体验。教师设计板书若生动形象，构思精巧，富有艺术性，浪漫情怀，就能激发学生的学习兴趣，有利于提高学生的思维能力和智力水平。如《谁是最可爱的人》中，为了表现志愿军战士坚韧顽强的爱国主义精神，特意粗线条勾画出国旗的样子，鲜艳的五星红旗，黄色的星星标志着每一位有责任、有担当的，像志愿军战士一样的最可爱的人。黄色的大星星由小组里推荐表现最优秀、课堂上回答问题最积极的同学来画，其他的四颗小星星由组长指名组员来画。

互动式板书设计新颖独特，思想教育直达内心。在课堂上，教师本着在教学过程中既是学生学习活动的引导者也是学习活动的参与者、合作者的原则，通过与学生的现场探究、交流共同完成板书设计。如：《走一步，再走一步》，在这节课的板书中，教师把主人公的心理变化，用词语标注在黑板上，让学生用心电图的形式表现出来，直观形象地表现出主人公：

犹豫——试一试——恐惧——战胜胆怯——成功喜悦的心理变化。这一板书设计大大调动学生学习的积极性、参与性，给予学生很大的成就感。

留白式板书设计。板书设计要注意给学生留有创造思维的余地。板书设计其实好比一幅画，让有形的内容与无形的内容巧妙结合，这与宋代画家马远创造的“计白当黑”的画面有异曲同工的效果，给观画者留下想象的空间。用想象来填补新的内容，这样才更能充分发挥学生的主体能动作用。

细节魅力，尽在多媒体。多媒体以其丰富的画面、美妙的音乐刺激了学生的感官、激发了他们的兴趣，使课堂学习气氛浓厚、学习氛围轻松，能充分调动学生学习的积极性。多媒体技术的出现为我们教学手段的改进提供了新的发展机遇，多媒体技术与学科教学的整合，产生了优化的教学效果。在教学实践中，我们要想达到事半功倍的教学效果，一定要注意制作、运用多媒体课件的细节化问题，因为只有这样才能使其具有合理性、实效性、艺术性。细节决定成败，细节的魅力就在于此。如：多媒体课件的画面与课文内容、主旨的统一协调，与学生情感贴近；多媒体课件的简约流畅与学习重点、难点的有机结合；多媒体海量信息与课外知识的拓展等。在教学实践中，我们一旦忽视它，就会造成喧宾夺主，舍本逐末，得到适得其反的结果。如在《故乡》的教学当中，教师应提前准备好鲁迅创作这一作品的时代背景视频资料，并且不是选择在开头播放，也不是在结尾，而是在分析了闰土和杨二嫂的生活精神状况之后播放，在学生对产生这种结局和状况的社会原因不理解的情况下，适时播放剪辑好的视频，虽然鲁迅先生的文章生涩难懂，但这恰到好处的视频播放却让学生对这一文章的主题思想有了一个深入的理解，豁然开朗。我们一定要在多媒体运用的细节上把好关，让受教育者体验教学辅助手段使用之美，使用之妙，从而在总体上提升课堂教学效果。

汪中求在他所著的《细节决定成败》一书写道：“一心渴望伟大、追求伟大，伟大却了无踪影；甘于平淡，认真做好每个细节，伟大却不期而至。”关注细节，善抓细节，应是一个成熟的语文教师综合素质、水平能力的外化，是整合语文课堂教学中各种资源的有效载体，是语文课堂教学科学性、艺术性的集中体现，是具有品位的教学境界的体现，是提升教学智慧的必经之路。

总之，构建和谐、高效的初中语文“好课堂”，就是要坚持：以人为本，关注生命；开放课堂，群体参与；师生互动，教学相长；气氛和谐，环境宽松；自主参与，个性发展；合作探究，提高智能；和谐发展，提高效率。让我们在语文课堂教学的改革创新中，多重视细节，大力挖掘、提炼、推敲细节，让细节出彩，彰显其魅力，并以细节为突破口，推动语文课堂教学的整体提升。

第一节 自主与合作课堂细节打磨在不同文体教学中的探索

在新课标指导下的教学改革中，教学思路设计的研究更加表现出其重要性。课标倡导“自主、合作、探究”的学习方式，这就要求“教材内容的安排应简化头绪，避免烦琐，突出重点，加强整合，注重情感态度、知识能力之间的联系，致力于学生语文素养的整体提高”，因此我们应下大力气改革以讲析为主的教学方式，取而代之以教学内容灵动、教学板块清晰、学生活动充分的教学安排。

根据不同文体，本人经过尝试，做了一些探索，总结出不同文体的教学思路，自感教的轻松，学生学的有效。记叙文教学，可以从五个方面着手，即：了解背景环境，理清故事情节，分析人物形象，挖掘主题思想，品味记叙文语言。议论文教学，围绕三要素进行：弄清论点（分论点）是什么，这些观点是怎么引出或者怎么得出的，用哪些论据支撑论点的，论证方法有哪些，按什么顺序论说的。说明文体，围绕五方面来教学，即：说明的对象是什么，说明对象有哪些特征，用了哪些说明方法，按什么顺序说明的，语言有什么特点。按此思路，解决好这五个问题，教学目标就实现了。诗词鉴赏，无外乎就是理解诗歌情理，鉴赏表现手法。可按以下顺序进行：一看诗题明类型，二看作者明背景，分析意象入意境，整体把握悟理情，表现手法细斟酌，意会言传见真功。古诗词按内容大致包括怀古诗、送别诗、咏物诗、悼亡诗、讽喻诗、写景抒情诗等，往往一看诗歌题目就能明白作者要表达的主要内容，所以首先要关注诗题。其次要关注诗词的作者，熟知时代特征和作者生平，明白其人生经历、思想境界、诗歌风格等。诗词鉴赏难度大的是写景抒情诗，这就要关注作者写了哪些意象，这些意象组合在一起，能让读者进入什么意境，必须唤醒生活体验，设身处地，产生身临其境的感觉，还原作者的生活处境，进而领略诗人要表达的情理。散文教学，因类型不同，思路、教学侧重点也略有区别。托物言志的散文，主要弄清所托之“物”与所言之“志”间的内在联系。写人叙事的散文，要让学生明确写了哪些事，叙事线索是什么，表现人物的什么性格、精神。写景抒情散文，要学习作者观察的角度、描写层次和方法，要弄清“景”与“情”的契合点，是怎么融合的。哲理散文要让学生联系生活，联系社会现实，分析其逻辑性、思辨性。文言文教学，导入新课，板书课题并解题，介绍作者和背景，教师范读把准字音、句读和感情基调，学生借助注释和工具书疏通文义，教师点拨强调重点词句。写作教学，范文出示，找优缺点，方法引领，列提纲，写作，自评，小组评，教师评。解决文章写什么、怎么写和为什么这样写的问题。

从学生实际出发，不断地对教学内容加强整合，完善教学设计，简化教学头绪，突出教学重点，从而有效地促进学生的发展，提高我们对课堂教学外在的形式之美和内在的细节之美的设计艺术和创新艺术。

一、自主与合作细节打磨在记叙文教学中的运用

《谁是最可爱的人》教学设计

❖教材解读

本单元选编了五篇文学作品，表现了不同时代的人民热爱祖国、热爱家乡、愿意为保家卫国奉献自己的一切的思想感情。时隔二十年，《谁是

最可爱的人》再度归来，入选部编版七年级下册以“家国情怀”为主题的第二单元。

《谁是最可爱的人》是一篇通讯作品，作者魏巍深入战场前线，记录下所见所感。他以深情的笔触，报道了抗美援朝战场上可歌可泣的英雄事迹，赞颂了他们的爱国情怀和革命英雄主义精神。文章的字里行间涌动着家国天下、威武不能屈的伟大民族精神，感动着一代又一代的中国人。

❖学情分析

文章篇幅较长，年代久远，学生理解起来有一定的难度，需要借助视频资料辅助理解内容与情感，并结合今天的材料拓展内化。

❖教学目标

1. 通过默读课文，能概括典型事例。

2. 深入理解志愿军战士的“最可爱”。

3. 学习人物身上的优秀品质，继承和发扬他们的精神。

❖教学重点和难点

教学重点难点：深入理解志愿军战士的“最可爱”。

❖教学方式

1. 自主合作探究。

2. 朗读法。《初中语文新课程标准》指出：“语文课程应为提高学生道德品质和科学文化素养，弘扬和培育民族精神，增强民族创造力和凝聚力，发挥积极的作用。”

❖教学准备

视频的剪辑　课前预习　相关图片文字材料的收集

❖教学过程

一、视频播放，导入新课

《长津湖》感人片段观看（3 分 24 秒）。

《长津湖》用电影的方式，把我们带入抗美援朝保家卫国的战争年代，志愿军战士用歌声传递对祖国的热爱，用冰雕的伏姿向世界证明祖国的神圣不容侵犯。今天，我们用另一种方式走进我们最可爱的人，随着魏巍的文字打量中国样貌，感受中国风度，体会中国力量，感悟中国精神。

二、明确目标（你来读）

1. 通过默读课文，能概括典型事例。

2. 深入理解志愿军战士的“最可爱”。

3. 学习志愿军战士的优秀品质，继承和发扬他们的精神。

（魏巍为最可爱的志愿军战士准备了这篇经典通讯，老师这节课，为每一个积极回答问题的可爱的同学都准备了一个萌萌的小贴画。加油呀！）

三、沉心静气走进您 边读边思感知您（自主完成）

默读课文，概括故事情节。（新课标给大家提出的默读要求是每分钟不少于500字。读完请举手）

板书课题：谁是最可爱的人 魏巍（提问三个学生分别回答）

过渡句：下面就让我们把镜头对准这三件事儿。

四、特写镜头聚焦您 身临其境体悟您

1. 你认为志愿军战士的“可爱”藏在故事的哪些细节里？（先独立思考，再小组合作）

男生在第一件事里找特写镜头谈感受，读出来；女生第二件事（置个人安危于不顾，跨出国门，处处彰显我大国品质与风范）。

小组合作共同完成第三件（第一次笑：无奈，伸长脖子使劲咽下；自豪，光荣，人民的幸福就是最大的幸福，有这样情怀的战士怎能不可爱?）（第二次笑：难过——低头不语，摸索出烧了半截的照片，照片中是他跟天安门的合影；他低下头去，用手指在地上勾勒祖国的轮廓；他抬头眺望祖国的方向，朦胧的泪光中他看到了五星红旗在天安门广场迎风飘扬，他看到老母亲雕像一般拄着拐杖立在寒风里望向鸭绿江方向。完成任务——使命责任与担当。完成任务的艰难困苦，哪怕是下一秒的轰炸，让自己只留下一个名字，他依然笑着坚守“我自横刀向天笑，去留肝胆两昆仑”的豪情）。（第三次笑：调皮——动作；坚定的信念，自豪——要的东西，我完成了祖国交给我的任务，我为祖国赢得荣光。）一个“笑”字，笑出了天真，笑出了乐观，笑出了眼泪，笑出了使命责任与担当，笑出了坚定的信念，笑出了报效祖国的无限荣光！

2. 为什么说志愿军战士“最”可爱？（合作探究）

作为一名战士参加战斗是“可爱”，但能够保持乐观的心态，把祖国和人民的利益放在第一位，有这样的情怀和境界更是“最”可爱！

五、平凡世界寻找您　传承精神成为您

作为一名____，__________是“可爱”，我要____________________力争做一个“最”可爱的人！

六、齐读结课

奋斗拼搏　不负青春

努力做到“可爱”　力争成为“最可爱”

请祖国放心

可爱/有我

请祖国放心

最可爱/有我

❖教学反思

1. 本节课我以小组合作学习的方式进行，突出学生的主体地位，设置一系列活动由各组去完成。这样可以培养学生解决问题、归纳总结、语言表达的能力。

小组合作学习时采用了贴小奖章的评价机制，通过小组评价来调动学生学习积极性的方法值得今后推广。但还存在一些问题，如：小组学习如何发挥合作与竞争之利，并鼓励学生养成独立思考而不依赖的品质，这些考虑得还不够周全。

2. 导入的时候，精剪的《长津湖》电影片段播放撼动人心，画面直击人的心灵，代入感比较强。

3. 紧扣本文的“可爱”和“最可爱”，去深入挖掘教材，抓住本文的一个词“笑”，作为突破口，深入理解志愿军战士可歌可泣的高贵品质。并激励学生勇于担当，做新时代“最可爱的人”。

二、自主与合作细节打磨在议论文教学中的运用

《中国人失掉自信力了吗》教学设计

❖教材解读

《中国人失掉自信力了吗》一文选自鲁迅的《且介亭杂文》。这是一篇“驳”“立”紧密结合的驳论文。本文批驳的是一种悲观论调，这种悲观论调的要害是“以偏概全”，也就是失掉自信力的仅是中国人中的一小部分，从而批驳了敌论点“中国人失掉了自信力”，在此基础上，确立了新论点“我们有并不失掉自信力的中国人在”，鼓舞了中华民族的自信心。本课是一篇典型的驳论文，有“驳”有“立”，语言尖锐泼辣，富有战斗性。在初三学生学习、鉴赏、运用驳论文的阶段中显得尤为重要。通过本课的学习，学生可了解驳论文的有关知识及掌握简单的驳论文写作，为今后进一步提高对驳论文的鉴赏和写作打下坚实的基础。

❖学情分析

鲁迅的文章一般比较难懂，何况是杂文。因此教学时不宜过快，宁可多花一点时间，对时代背景作者进行介绍，以利于学生深入把握课文内容。在讲解课文内容时，多举正面人物（中华民族优秀儿女的代表），与反面人物进行比照、分析，激发学生的正义感和自信心。

❖教学目标

1. 学习议论文的文体知识和本文结构严谨、语言犀利的艺术特色。

2. 整体感知文意，弄清文章的脉络，使学生认识鲁迅杂文的特点，培养学生的逻辑思维能力。

3. 弘扬爱国主义精神，增强民族意识，增强民族自信心、自豪感。

❖教学重难点

1. 体会鲁迅的忧患意识和爱国精神。

2. 理解重要语句的深层含义。

3. 学习文章的写作技巧，使学生认识鲁迅杂文的特点，培养学生的逻

辑思维能力。

❖教学方法

1. 诵读法。通过声情并茂的朗读增强感知、感悟。

2. 自主合作探究式。在讨论的基础上，对某个或几个问题变换角度思考拓展思维。

3. 比较阅读法。在比较中完成对知识的迁移或延伸。

❖教学过程

一、导入新课

21世纪的中国，喜事不断，中国人感到从未有过的幸福、自豪；然而，70多年前的中国是怎样的面貌呢？那时的中国人又是怎样的精神状态呢？当时，有一位思想的巨人、顽强的战士，以犀利的目光洞悉着这一切，一次次振臂呐喊、一次次冲锋陷阵——他，就是鲁迅先生。今天，我们来学习他的一篇杂文《中国人失掉自信力了吗》（板书课题），看看我们能从中得到什么新的启发，学到怎样的做人、作文方法。

二、播放影片《九一八事变》片段，介绍写作背景

三、研读赏析

1. 齐读课文1、2段，找出“敌论点”和论据，哪些词最富讽刺意味？（投影展示国民党反动派的言行。）

A.“我中国地大物博，人口众多”选自20世纪30年代的御用报纸。

B.“忍辱含愤，暂取逆来顺受态度，以待国联公理判决”选自蒋介石在“九一八”事变发生后的演讲。

C.“民族之自尊心与自信心，既已荡然无存，不待外侮之来，国家固早已濒于精神幻灭之域”——选自《大公报》1934年8月24日的社论。

D. 1934年，由反动政客戴季陶和军阀段祺瑞发起，一些国民党官僚在杭州灵隐寺举行时轮金刚法会，请班禅大师求佛保佑。

投影展示：敌论点：“中国人失掉自信力了”

敌论据：a. 信地信物　b. 信国联　c. 求神拜佛

老师举一个类似的推理例子：“我们班a. 上课爱开小差，b. 上课爱开小差，c. 也爱开小差，所以我们班所有同学上课都爱开小差，你同意这一

结论吗？”（以偏概全）

“总”让人看到国民党政府夸耀“地大物博”时的洋洋自得，同时“总”又写出了夸耀者的底气不足，因为夸来夸去只能夸这一样；“只”是抓救命稻草时的“执著”，写出了国民党政府不相信自己，一副仰人鼻息之状跃然纸上；“一味”则是深陷而不能自拔，沉迷于其中的滋味，因而也不愿自拔。这三个词准确地写出了国民党政府在自欺的道路上越走越远的“事实”，极富讽刺意味。

2. 抽学生朗读3~5段，思考作者是怎样反驳敌论点的。

投影展示直接反驳：信地信物信国联只有“他信力”（仿词），求神拜佛发展着“自欺力”

3. 作者既然认为对方的观点是错误的，为什么还要一再承认对方说的都是“事实”？

明确：首先承认对方说的是事实，但通过分析事实后，发现对方要说的其实不是自信力的问题，这样，对方的观点就不存在了。这是驳论的一种方式，由真实存在的依据推导出错误的结论，从而证明对方的观点是错误的。指出对方论据证明论点的过程不成立，这是驳论证。

4. 第1段和第4段都有一段加点的文字，国民党检察官曾删掉这些文字，这说明什么？

明确：“求神拜佛”恐怕是国民党在山穷水尽时自欺和欺人的最后一招，鲁迅一针见血地指出“求神拜佛”的危害性和严重后果，这自然触到了国民党的痛处。从加点文字也可以看到鲁迅的境况。

5. 默读第6~9段后，合作讨论探究：

（1）“埋头苦干的人”“拼命硬干的人”“为民请命的人”“舍身求法的人”各指什么样的人？你能说出几个吗？（投影展示）学生分组讨论后明确：

A. “埋头苦干的人”：为了国家利益，执着于某一事业不畏艰险，奋斗不息的人。如：毕昇、徐霞客、司马迁、华罗庚、杨利伟、抗震救灾英雄等。

B. “拼命硬干的人”：指反对国内剥削阶级和外来侵略者的革命志士、民族英雄。如：陈涉、李自成、洪秀全、岳飞、文天祥等。

C. “为民请命的人”：指为人民疾苦而呼告的人。如：杜甫、白居易、包拯、梁启超、鲁迅等。

D. “舍身求法的人”：指历尽艰险，探求真理的人。如：玄奘、鉴真、商鞅、谭嗣同、李大钊等。

间接反驳：

论点：有并不失掉自信力的中国人在

论据：从古到今“中国的脊梁”

(2)“中国的脊梁”指什么人？

明确：“中国的脊梁”是指脚踏实地地为民族的进步而奋斗的人们，他们是使中国挺立起来的“脊梁”。鲁迅反复赞扬“中国的脊梁”，可以鼓舞斗志，增强中国人的自信力。

(3) 这一类没有失掉自信心的人现状如何？

明确：从人数上看：何尝少呢？从特征上看：有确信，不自欺，前仆后继地战斗；从处境上看：总在被摧残，被抹杀，消灭于黑暗中，不能为大家所知道。

(4) 第9段作者用了一连串的比喻，找出来体会其意思。

“脂粉”：比喻统治阶级的欺骗性宣传；“筋骨和脊梁”：比喻气节、操守、人格、品质；“状元宰相”：比喻国民党反动政客及其御用文人；“地底下”：比喻当时还处于地下斗争的中国共产党及其领导下的革命力量。结论：自信力的有无，状元宰相的文章不足为据，看地底下。

四、找出课文中含“中国人”的句子，小组讨论后分别回答其“中国人”的含义（小组合作共同完成）

A. 于是有人慨叹曰：中国人失掉自信力了。(所有中国人)

B. 假使这也算是一种“信”，那也只能说中国人曾经有过“他信力”。(国民党反动统治者及其御用文人)

C. 说中国人失掉了自信力，用以指一部分人则可。(所有中国人)

D. 然而，在这笼罩之下，我们有并不失掉自信力的中国人在。(大部分爱国的人民)

E. 中国人现在是在发展着“自欺力”。(国民党反动统治者及其御用文人)

F. 要论中国人，必须不被搽在表面的自欺欺人的脂粉所诓骗。（所有中国人）

五、课堂小结

通过这节课的学习，我们学习了驳论文的写作方法，写驳论文要善于寻找批驳的"突破口"，就是对方谬误的薄弱环节，抓住了它，就能击中要害。理解了鲁迅关于"中国人自信力"的阐述，"中国的脊梁"在当时的社会曾大大鼓舞国人的士气，在今天仍有很强的现实意义。同时，鲁迅杂文的语言技巧和讽刺手法的运用也极大地增强了文章的表达效果。

❖教学反思

1. 这是初中阶段唯一的驳论性的政论文，所以我在学生理解文本前就有意识地把课文注释整合成背景资料，并要求学生结合课文注释通读全文，引导学生养成借助课文注释理解课文内容的良好习惯，给学生搭建了一个充分展示才华的舞台。同时，引导激活他们丰富、大胆、自由的学习灵感与兴趣，让学生主动提出问题，回答问题，使他们的思维进一步得到提高。

2. 突出了自主、合作、探究的学习方式。语文课程标准所提出的一个新的理念，就是在教学中要"积极倡导自主、合作、探究的学习方式"。这堂课，不论是在整体把握还是在局部探讨上，都较好地体现了这一理念。充分相信学生，还给学生自由思考、讨论的空间，让他们主动地合作、探究。

3. 通过"读"让学生整体感悟。语文教学中应当重视的是培养学生良好的语感和整体把握的能力，而不是对课文进行逐段串讲。这堂课通过学生与文本的直接对话，让他们在阅读的过程中整体感悟，受到情感的熏陶。

三、自主与合作细节打磨在说明文教学中的运用

《苏州园林》教学设计

❖教材解读

《苏州园林》是说明文的典范。作者叶圣陶先生没有按照常见的空间顺序，而是采用了由总到分的说明顺序介绍了苏州园林异中之同的整体特

征，使读者随着作者那赞赏和眷恋的笔触领略了人工营造的优美园林所体现的自然美和人工美。

说明文这种体裁学生在初一时就已接触过。对于本文的学习既可以巩固已学的知识，又可以获取新的知识。因此，从教材的编排位置来看，它体现了循序渐进、学以致用的教学规律，从而使我们的教学达到事半功倍的效果。

❖学情分析

作为初二的学生，已完成了从小学到初中的衔接与过渡，良好的学习习惯与思维方式正逐渐形成，说明文已学过，有了一定的说明文语感，同时也初步掌握了说明文的有关知识，如说明的方法、说明的顺序等，但仍需继续加强巩固提高。

❖教学目标

1. 掌握生字词，整体感知苏州园林的图画美。

2. 理清思路，把握本文的总分结构特点和说明顺序，掌握举例子、作比较等说明方法；在诵读中提高品味语言的能力。

3. 培养学生的审美情趣以及对祖国秀美园林、壮丽河山的热爱之情。

4. 通过学习使学生认识到巧夺天工的苏州园林是我国劳动人民勤劳和智慧的结晶。

❖教学重难点

把握本文的总分结构特点和说明顺序；在诵读中提高品味语言的能力。

❖说教法与学法

1. 诵读法。让学生在诵读中提高品味语言的能力。

2. 探究学习法。选择有价值的问题，分组讨论，引导学生利用合作式、探究式、研究式的学习方法，掌握说明文的基本结构，并稍加点拨，使学生在阅读和仿写中学会运用多种说明方法，从而学会写简单的说明文。

3. 情境教学法。借助课件将一幅幅苏州园林的美景展现在学生面前，让学生有直观感，便于理解课文。

❖教学过程

一、激趣导入

1.（大屏幕出示，齐读）“水光潋滟晴方好，山色空蒙雨亦奇。欲把西湖比西子，淡妆浓抹总相宜。”师问：“知道这首诗描写的是哪儿的景色吗？”（激发学生对苏州园林的向往之情，从而使学生愉快而主动地走进文章的画面中。）

2. 板书课题、作者，然后让学生介绍所了解的作者的情况和写作背景。

3. 抽查学生掌握生字词情况。（让学生积极主动地去解决力所能及的问题，加深学生对字、词的理解，有助于积累，使学生养成良好的使用工具书的习惯。）

4. 请学生说说学习说明文应从哪几方面入手？

明确：说明对象及特征、说明顺序、说明方法、说明的语言等。

二、自主学习整体感知

1. 速读课文，读准字音。

2. 朗读课文，注意语感、读书的节奏、感情的抒发。

3. 以导游的身份，用自己的语言复述课文，比一比看谁复述得最好，不能复述的地方做上记号，别人复述时注意听。学生复述后，师生点评，多鼓励，少批评。

三、合作学习师生互动

1. 让学生找出概括苏州园林的共同点的句子和各段落的中心句。

2. 请学生将不理解的句子划出来讨论研析，教师巡视给予点拨引导。

3. 学生画出描写苏州园林美景的语句，共同欣赏。

四、探究学习

1. 苏州园林给作者的总体印象是什么？

2. 苏州园林有什么整体特征？具体表现在哪些方面？

3. 本文运用了哪些说明方法来介绍苏州园林？

4. 划出 3-9 自然段的中心句，想想与前文有何密切关联？

5. 文中多次提到绘画，把绘画和园林建筑联系起来，以绘画原理分析园林建筑，或以园林建筑印证绘画原理，请圈出本文有“图画”之意的词，然后再试从课文中找出几处例子加以简要说明。

（学生边回答，教师边归纳板书。1、2、3 题难度不大，估计学生很快就能找到答案，所以尽可能让基础薄弱的学生回答，提高他们的学习兴趣。4 题前一问题容易解决，关键是后一问题，应先选两位学生回答，然后其他同学补充，这一题的目的是让学生通过分析讨论，从而掌握本文是采用先总后分的结构展开的，条理清晰。5 题让学生快速浏览课文，圈点勾画，讨论后再明确。）

五、赏析品味语言

1. 完成练习，让学生懂得写说明文用词既要准确，又要生动。

2. 自由朗读自己喜欢的段落或语句，并说说自己喜欢的原因。

六、小结谈收获

让学生说说本课的学习收获。（叶圣陶先生说过："得法于课内，收益于课外。""教材无非是个例子。"学生自己说出自己的收获，那么他们也就懂得了学有所得的道理。）

七、巩固知识学以致用

1. 仿句训练："苏州各个园林在不同之中有个共同点，似乎设计者和匠师们一致追求的是：务必使游览者无论站在哪个点上，眼前总是一幅完美的图画。为了达到这个目的，他们讲究……讲究……讲究……讲究……总之，一切都要为构成完美的图画而存在，决不容许有欠美伤美的败笔。"要求：仿照本段，利用总分总的格式写一段话，要求分说用一组排比句。

2. 运用你所学过的说明方法、说明顺序写一段 100 字左右的文字，简单介绍你经常使用的一种文具，要求说出它的特点。

❖教学反思

1. 实施过程中，以学生的自感、自悟、自学探究为基础，大力倡导自主、合作、探究的学习方式，充分发挥师生双方在教学中的主动性和创造性。

2. 学生的想象力还有待于培养。没去过苏州园林的，想象不出完美的样子。爱因斯坦曾经说过，知识是有限的，想象力是无限的。拓展学生的知识面，让学生插上想象的翅膀，使学生终身受益，语文老师责无旁贷。

四、自主与合作细节打磨在散文教学中的运用

《闻一多先生的说和做》教学设计

❖教材解读

《闻一多先生的说和做》是人教版七年级下册的一篇文章。本文叙述了闻一多先生对于文学事业和革命事业的两种独特态度：作为学者，他是做了不说；作为革命家，他是说了就做。这两种截然不同的态度，其实有一个精神的核心，那就是爱国情感和使命感。潜心学术是为了探索救国救民的出路，革命斗争是为了杀出一条血路。

❖学情分析

初一学生正处于人生观、价值观形成的关键时期，借助于本文可以对他们进行理想教育，引导学生学习名人精神，争做优秀人才，以此确立自己的人生目标和方向。

❖教学目标

1. 抓住文章叙述的主要事件，把握人物的精神品质。

2. 学习闻一多先生严谨、谦逊的治学态度和言行一致的做人原则。

3. 学习闻一多先生的治学态度和大无畏革命英雄主义精神。

❖教学方式

朗读法。借助朗读感受优秀文学作品的艺术魅力和英雄人物的精神感染力。

❖教学过程

一、联系生活，视频导入

同学们，日常生活中的说话和做事最能看出一个人的品行。很多时候，我们往往容易忽视这一点。在日常生活中，你是怎样处理说和做的呢？请你说给大家听听。（然后，视频导入，播放闻一多演讲视频。）

二、人物简介，信息交流

1. 根据你搜集的资料，简要介绍一下闻一多先生。

2. 作为诗人的闻一多先生，你读过他的诗吗？说给大家听听。

3. 教师补充：闻先生在诗歌创作上提倡“三美”（音乐美、绘画美、建筑美）。

三、自由跳读，整体感悟

1. 跳读积累，独立自主完成：①学生在预习的基础上跳读课文，进一步理解文章内容。②学生交流朗读感受（方法点拨：可从文章主题、结构、内容及语言等方面入手）。

2. 整体感悟：①从全文看，文章可以分成几大板块？分界线在哪？②作为学者和革命家的闻先生，作者各选取了几件典型事迹来写？（可让学生到讲台表演闻先生在群众大会上做的最后一次讲演片段）③闻先生在学者方面和革命家方面是怎样处理说和做的？④写作指导：写人记事不分家，选材典型上、好、佳；同一类材料多件事的详略安排；材料与材料的自然过渡。（要求学生笔记）

四、人物性格，合作探究完成

1. 我们得知文章共写了六件事来反映闻先生的说和做。从这六件事中你能看出他是一位什么样的人？

学生讨论交流后归纳明确：文章从作为学者和作为革命家两个方面写闻一多的“说”和“做”。围绕这两方面文章写了闻一多十多年来默默钻研，写作《唐诗杂论》《楚辞校补》《古典新义》，起草政治传单、在群众大会上演说、参加游行示威共六件事。把这两方面结合起来看，闻一多先生是一位治学严谨、谦逊，默默奉献、成就卓越的学者，是一位言行一致、爱憎分明、视死如归的民主战士。

2. 这篇文章在叙述中运用了哪些形象的描写？并说说这些描写的作用。

明确：课文中对闻一多的语言、肖像有许多具体描写。例如炯炯目光、头发凌乱、昂首挺胸、长须飘飘、目不窥园。还有细节描写，例如“一个又一个大的四方竹纸本子，写满了密密麻麻的小楷，如群蚁排衙”。凡此种种，都能起到具体再现闻一多先生那令人尊敬的高大形象的作用，使他的精神、品格、作风仿佛都成了可以具体感知的东西。

五、整理总结，拓展延伸

1. 整理总结

本文以闻一多先生的“说和做”总领全文，作者前半部分介绍了闻先生写作《唐诗杂论》《楚辞校补》《古典新义》三本书的情况，刻画了闻一多先生前期潜心学术，不畏艰辛，废寝忘食，数十年如一日的敬业精神，着力表现闻一多先生“做了再说，做了不说”的精神，体现了闻先生“学者的方面”；后半部分写闻一多先生“说”了就“做”，言行完全一致，作者选取起草政治传单、群众大会演说、参加游行示威三件事作为例证，表现了闻先生“革命家的方面”。两部分互为补充，使闻一多先生的严谨刻苦的治学态度、无私无畏的斗争精神、澎湃执着的爱国热情以及言行一致的高尚人格跃然纸上。

2. 拓展延伸

①有人崇拜叱咤赛场的球星；有人仰慕演技高超的影星；也有人追随亮丽纷呈的歌星。像闻先生这样的民族之星是否值得我们去追随？谈谈你的看法。

②学者的闻先生是“做了再说，做了不说”，而作为革命家的闻先生是“说了就做”。说说我们应该怎样处理生活中的说和做。

③请你为自己写一句有关说和做的座右铭。（贴在桌子右上角）

六、结束曲——《七子之歌》

让我们为这位勇士齐唱一首英雄的赞歌——《七子之歌》。

❖教学反思

1. 本堂课开端从生活中来，结束又到生活中去。始终把握“生活是语文，语文是生活”的大语文观。课文只是一盏灯，在它的照耀下，学生看到的却是一片色彩斑斓的广阔天地。这其中有生活的花朵，有历史的人文，也有心灵的火花、纵横交错，精彩纷呈、给人一种全新的感觉。

2. 整个教学进程充分体现了自主、合作、探究的学习方式。三者交错使用，融会贯通，渗透到教学中的每一个环节。学生在自主的基础上进行合作，合作的同时又展开了探究。比如第五个环节中的拓展延伸“请你为自己写一句有关说和做的座右铭”，先让学生写即是自主，后让学生交流，交流的过程中又启发了思考，本身又是一种探究。三者有机地结合在一起，取得了非常好的效果。

3. 这堂课的开头和结尾设计都很新颖。尤其是结尾，用臧克家的诗“有的人死了，他还活着”作为文中人物精神的升华。接着，又让大家齐唱《七子之歌》，以扣人心弦的歌声来表达澎湃的感情。

4. 新课程标准下的课堂教学，每一个教学环节的设计都应考虑它的有效性。这堂课除了有风头（导入有些繁杂，可任选其一）和豹尾，中间却显得有些杂乱、琐碎，分析得太多，显得啰唆冗长，缺乏整体美，甚至无形中搅乱了学生的思维方向。而到最后由于时间不够充分，“拓展延伸”中的第二个问题未能让学生很好地展开，给人的整体感觉是外包装很美丽，里面的东西实用性却不强。

5. 本文结构严谨，过渡自然，学生能独立完成，教学设计中忽略了这一点。

6. 本文语言整齐，四字短语短促有力，很有建筑和音韵美，但是在教学设计中合作朗读和个人的情感体验不够充分。

第二节　自主与合作细节打磨在语文不同课型教学中的践行

在自主学习与合作探究中提升学生核心素养

——新授课《植树的牧羊人》分析与反思

❖背景导读

《植树的牧羊人》描述了第一次世界大战至第二次世界大战时期法国普罗旺斯地区的一个孤独牧羊人，将余生倾注在阿尔卑斯山上荒原的植树工作，用自己的双手和坚韧的毅力将荒芜之地变成了人们可以安居乐业的田园。在生态环境日益恶化的今天，《植树的牧羊人》所描写的“一个平凡人热爱大地”的精神，具有警示意义。学习圈点批注勾画关键句，披文入情解读人物是本课的重点，思考牧羊人植树行为的意义是本课的重难点，这对七年级的学生来说难度较大。为了解决这些问题，本节课我主要用自主学习和小组合作探究的方式降低教学和学习难度，进而突破这几个重难点。

❖案例过程

一、图片导入激兴趣

教师通过图片展示绘本《植树的男人》。

同学们，刚才我们欣赏的图片来自法国作家让·乔诺1953年创作的一篇文章。加拿大动画大师弗雷德里克·贝克花费五年时间手绘了约两万张图片制作成影片，影片获得第六十届奥斯卡（1988年）最佳动画短片奖等三十多项国际电影奖。今天我们就一起来走近这部优秀影片的主人公——牧羊人。

看题目，交代了什么信息？对，身份——牧羊人，他在植树，他为什么会这样做呢？

二、勾画关键词寻变化

活动一：走进文本，梳理情节

要求：快速默读课文，不出声，不动唇，不指读，不回顾，一气呵成

读完，勾画文中的时间点，从“我”的视角梳理文章主要情节。(8 分钟，学生先独立完成，有疑问组内解决)

时间	主要情节
1910 年起	
1913 年	
1914 年	
1919 年	
1920 年起	
1945 年	

教师补充：这篇小说是用第一人称“我”来讲故事的，这里的“我”是作者本人吗?

生：是文章的线索人物。

生：增加了故事的真实性。

活动二：勾画关键词寻“变”化

1. 要求：默读课文第 2～4 自然段、15～17 自然段、19～20 自然段，圈画语段中描写景物的词句，说说高原发生了哪些变化。(3 分钟独立完成，组内补充)

时间	高原的情况
初遇牧羊人	
再见牧羊人	
最后一次相见	

师巡视。

师：提醒文雪组画完句子圈关键词。

师：欣冉组注意关键词找全面。

【设计意图：通读文本，学生初步了解文章内容，采用表格抽象变具

象，长文短读，初步掌握圈点勾画的阅读方法。小组合作的补充过程可加深对文本的理解，为后文解读人物精神蓄势。】

2. 分角色朗读“变化”

无边无际的荒野，**光秃秃**的山，**稀稀拉拉**长着野生的薰衣草。**废弃**的村庄，**倒塌**的房屋，没了屋顶的房子任由风吹雨打。**坍塌**的钟楼，**干涸**的泉眼，没有一点生气。**毫无遮拦**的高地，空气干燥，太阳要把人烤焦，风吹得人东倒西歪。**狂风**呼啸着穿过破房子的缝隙，**像一只饥饿的野兽发出吼叫**。

（1）延开组

D 号房源康读。

B 号张雨萱评价：重读关键词。接着读。

A 号张延开再次点评。

小组齐读。

空气中飘着香气，高处传来流水般的声音，那是风穿过树林的响声。农场边上，枫树林里，到处流淌着源源不断的泉水，浇灌着长在周围的鲜嫩薄荷。这里成了一片生机勃勃的沃土，人们建起干净的农舍。健康的男男女女，带来青春、活力、探索生活的勇气。孩子们的笑声，在热闹的乡村聚会上飘荡。

（2）玉菲组

D 号曹子晴读。

C 号张欣怡点评：读出感情，读出欣喜。再读。

B 号张明宇点评。明宇再读。

师：一万多人的幸福生活，都源于这位叫艾力泽·布菲的老人！

是啊，30 余年来，树变了，水变了，风变了，住在这里的人们也变了。

这一切变化的根源在于，有一个人一直在做一件事，从来没有改变过。

这个人就是牧羊人，这件事就是植树。

【设计意图：语文课程标准指出：阅读教学就是让学生充分地读，在读中整体感知，在读中有所感悟，在读中培养语感，在读中受到情感的熏陶，朗读教学是语文教学中最常用，最重要的手段，通过个人读、评价后再读，小组齐读的方式，把握关键词和感情，加深对艾力泽·布菲老人的敬佩。】

3. 聚焦关键词读“不变”

活动一：合作分析人物品质

要求：请从第3~11自然段找出细节描写的句子，圈出关键词，旁批对牧羊人的评价。

（1）小组交流：扣住关键词，交流人物精神。

（2）以小组为单位分享批注：说明位置，读出语段，分享批注。

教师巡视。

组长检查组员批注并讨论补充。

活动二：互助探寻种树动因

要求：浏览文章，找出最初老人种树的文字，说说他是为什么开始种树的。

（抓住文中的一些叙述性“对话”）

小组组长做好段落的分工，节约时间，提高效率。

【设计意图：语文教学不但让学生能读，还能通过读加深个人的情感体会，这一问题的设计紧跟中考导向，有利于抽象问题具体化，并且通过小组合作取长补短，尊重个人的独特性体验。同时能够提高课堂效率，真正减负增效。】

4. 再读关键词悟精神

【资料助读】《植树的牧羊人》的作者让·乔诺，1895年出生于法国普罗旺斯地区马斯诺市。1914年，第一次世界大战爆发后，年轻的他入伍成了一名步兵。在战争中，他目睹了战争的惨烈与残酷。战争结束后，他成了一名坚定的和平主义者、小说作家、电影编辑。

从1910年到1945年，法国在经历什么？

1914年至1918年　第一次世界大战

1929年至1933年　资本主义经济危机

1939年至1945年　第二次世界大战

1914年至1940年　法国内阁变更达45次

师：从1910年到1945年，老人在做什么？

生1：当荒原还是荒原，他一直这样，一个人种着树。

生2：当世界陷入战争，他一直这样，一个人种着树。

生3：当无数生命和家园被摧毁，他一直这样，一个人种着树。

生4：三年来，他一直这样，一个人种着树。

生5：九年来，他一直这样，一个人种着树。

……

生6：三十五年来，他一直这样，一个人种着树。

小结：小人物的大勇气，小力量的大情怀。牧羊人用他的小力量与大勇气改造了自然，创造了生命，种植着希望和幸福，也实现了自己平凡人生的价值，用不变的执着诠释了生命的意义。其实我们都可以是生活中的“牧羊人”，种一棵树，在我们生命的荒原上，用我们手里的“铁棒”和“木棍”去“种植”生命的绿洲。

迁移提升：

以小组为单位，谈谈我们从牧羊人身上学到了什么？

C号，D号谈启示，B号结合学生实际，A号文字记录。

【设计意图：让学生结合时代背景，体会作者的写作意图，帮助学生把抽象问题具象化，具象问题简单化。对于一个普通老人能够几十年如一日地坚持做一件事，这种定力和精神就是值得我们学习的，再结合我们自身，联系生活实际的问题，激发学生的探究欲望，上升到自己的学习、工作都应该像布菲老人一样坚持不懈，拓展了学生思维。小组合作探究和探究结果汇报碰撞出了思维的火花，对学生情感态度价值观的教育得到进一步提升。】

❖**教学反思**

本次新课讲授，我作为课堂的组织者和引导者，始终贯穿一条主线，就是让学生不断地有层次地参与课堂。学生通过自主学习和小组合作探究的方式，逐步突破重难点，加深对牧羊人高贵品格的认知，向优秀看齐，学习精神，应用到实践。

（一）精准设计课堂问题

让学生自选角度评析牧羊人的精神品质，由于演示文稿（PPT）及时出示了相应的实例，搭建了学习支架，无形之间降低了学习难度，使学生能深入课文中进行重点梳理，得出个性化的阅读体验。以开放式的状态促使学生的思维深度思考，不贴道德标签。

（二）运用自主学习和小组合作探究突破重难点

本文重点学习圈点批注阅读法，教师引导学生做批注，不动笔墨不读书。先让学生根据自己的阅读梳理故事情节和完成环境的三次变化，使学生轻易得知高原变化巨大，在此基础上，师继续加深朗读指导，继而加深学生对布菲老人植树带来的系列连锁反应的认识。根据自主探究，分析文中没有变化的是什么？小组合作分析探究植树老人的高尚品格。教师出示人物品质词语，做进一步引导，明确区别。为了让学生更深刻地认识人物品质，再设计问题，让学生小组合作探究老人开始为什么种树。小组内不同层次学生对老人品质认知水平、实际生活经验、思考问题角度的不同，通过合作探究碰撞出思维的火花，汇报探究结果时，教师根据不同答案进一步对学生情感价值观进行正确的引领，让学生对人物精神得到进一步提升，继而突破这一重难点。同时，落实学生的语言建构与运用、思维拓展提升的语文核心素养。

在自主学习与合作探究中实现真阅读

——阅读课《格列佛游记》分析与反思

❖背景导读

《格列佛游记》借船医格列佛之口描写了四次航海中的奇异经历。小说想象奇特、诙谐幽默，最有欣赏价值的“尖锐讽刺”手法直指18世纪的英国社会矛盾，让作品写实而深刻。这是一条有趣的游历经历线，这更是主人公或者说是作者对自己和18世纪西方社会所推崇的理性进行深刻的讽刺与反思。小说的最后一章节一再强调“我”作为旅行家，其宗旨是使人们变得更明理、善良，并通过描述异乡的好事、坏事来净化人们的心灵。本课旨在带领学生通过画、分、找、演等方式逐步深入斯威夫特淋漓的讽刺主题中。品赏反讽手法的语言，对讽刺目标有深刻的理解是本课的重难点，为了解决这一难题，我主要运用自主学习和小组合作探究的方式降低教和学的难度，进而突破重难点。

❖案例过程

一、导入

师：通过对名著的整本阅读，你能规划出船医格列佛的游历路线吗？

生：老师，这个比较简单，分别是小人国、大人国、飞岛国和马国。

师：这位同学读书很仔细，回答也按照一定的顺序来，真棒！

师：这几个国家有没有给你留下深刻印象的呢？

生：老师，一开始读我就被吸引了。这里写到“过了片刻，我觉得有什么活东西在我的左腿上爬，还慢慢向前移，越过我的胸脯，快要到我的下巴前了。我竭力往下看，却只见一个身高不足六英寸，手拿弓箭、身背箭袋的人。此刻，我感到至少有四十个他这样的人跟在他身后。我心中一震，便大吼起来，吓得他们转身就逃。”

生：我喜欢大人国部分。“她给我取了个名字，叫‘格里尔特里格’，……主人听取谗言，等到赶集的日子就把我用箱子装着带到集市上。……通知全镇的人到绿鹰旅馆来欣赏一个怪物：它比一头‘斯泼拉在那克’还小，全身上下跟人一样，会说几句话，还能表演一百种有趣的杂耍。”这里比较有意思。

生：“我也从没见过一个身材、习俗和长相这样奇特的种族……他们的头都是偏向一侧，一只眼睛内转，另一只眼睛上翻。他们的衣服上都饰有太阳、月亮和星辰的图形，中间还夹有许多乐器图案……我发现许多像仆人一样的人手里都拿着一根短棍，棍子末端系有一个鼓鼓的气囊。”飞岛国里更是稀奇古怪。

生：马国更是与众不同了。“它们的头和胸部长着一层浓厚的毛发，有的密集在一块，有的却稀稀疏疏，还长着山羊胡，背部和腿脚的前部都有一丝长毛，除此之外，身体的其他部分都是光秃秃的，因而我就清楚地看见它们的皮肤是黄褐色的。他们没有长尾巴，除了肛门外，屁股上其他别处都是光溜溜的。……它的脸又扁又宽，鼻子塌陷，嘴唇厚，嘴巴大。”

师：通过同学们的精彩分享，让我们对格列佛的经历更感兴趣了。

师：接下来请同学们根据名著内容完成下表。感兴趣的同学可以绘制思维导图。（选做）

	人物特点	主要情节	离开原因	地点转化	艺术特点
小人国					
大人国					
飞岛国					
马国					

【设计意图：通过师生问答，让学生快速从总体上梳理名著内容，从初识到深度感知，学生的朗读很有感染力，表格的汇总更让学生意识到精细阅读的重要性。本环节先由学生独立完成，有难度的小组内解决。此环节主要将长文、整本书内容进行分类整合，根据不同的国家可以拟不同的根目录、二级目录、三级目录。大概需要两次画图整理，第一次绘制后谈思维导图出现的问题，第二次谈导图亮点。这一题目选做。】

二、一路惊喜一路险

师：格列佛的四国游历非常有趣而匪夷所思，但主人公代表英国航海员跟各国交流时，他博学多识、能干聪慧且有丰富的经历，将欧洲文明带到了各个地方。那么，这么聪慧自信的他在游历交流中有波澜吗？跟这些岛国交流中有冲突之处吗？你又看到了什么呢？

生：在小人国，他是一个巨人。对于邻国的入侵企图，格列佛明确向皇上表示他情愿冒生命的危险，时刻准备抵抗所有的侵略者。他很有正义感。

生：公开反对皇帝进一步攻敌的计划。导致他引来了皇族的反感。

生：一次，皇宫失火。由于运水困难，格列佛撒了一泡尿浇灭了大火，这使皇后十分反感。

生：海军大臣嫉妒他的功劳。

生：财政大臣又怀疑他的妻子和格列佛私通，于是国王召开了一次密谋会，要给格列佛定叛国罪，并把他的双眼刺瞎。格列佛得知后，慌忙逃到不来夫斯古国。再从那儿找到了一只小船，便乘船离去。

师：但是，文中有一段格列佛的心里独白：皇帝希望我另找良机把敌方剩下的战舰也拖到自己的领域内。君王的野心真是深不可测……我坦白地向它说明，“我不愿做别人的工具，也不愿让一个自由、勇敢的民族沦为奴隶。”……从那以后，皇帝和一小部分对我有偏见的内阁大臣开始谋划要陷害我。……对君王来说，伟大的功绩又能算什么呢？只要你一时没完成它的心愿，满足不了他的野心，以前再大的功劳也算不了什么。你对格列佛是怎么看待的呢？

生：他很善良，能明辨是非。

师：是不是大人国也遇到了这种情况呢？

生：“君王”说最先发明这种机器的人一定是恶魔，人类的敌人。这个君主很开明，令人敬重。

生：他还说：谁能使本来只生产一串谷穗、一片草叶的土地上长出两串谷穗、两片草叶来，谁就比所有的政客更有功于人类，对国家的贡献就更大。可见他具有卓越的才能、无穷的智慧、高深的学问以及治理国家的雄才，因此受到人民的拥戴。

生：在大人国，“我”心中的自信自大被猛烈撞击，虽然我伪装得很“强”，但却已经开始意识到自己及英国的不完美。

师：有人评价说，《格列佛游记》最有思想的部分是在马国，你同意吗？接下来，小组四人合作，从文中找到依据，说说你的看法。

欣然组：老师，我们组找到了一段文字，想来赏析一下。

D号读：当我发现这头可恶的畜生具备人的相貌时，我心中不时泛起极度的恐惧和惊慌。……为了尽量证实我同那该死的耶胡不是同类，我保守了这个秘密。……我和我的同类们不太一样，我的皮肤柔软、白皙、光滑，身上有些部位没毛，前后腿的形状和长短与我的同类不一样，而且我习惯用两条腿走路。

B号：这段刚才没有读出自信，我再来读一遍。

A号：格列佛衣着得体、文质彬彬，具有教养和理性。他能通过自己掌握的语言知识、科学技术在远离文明的化外海岛生存下来，这都是他自大的资本，他有理性。

欣妍组：

C读：我告诉它战争的起因和动机，有时是因为君主野心勃勃，总认为统治的地面不够大，人口不够多；有时也因为大臣贪污腐化，唆使他们的主子进行战争，才好压制或者转移人民对于国内行政事务的不满情绪。

我告诉它金钱的用处，不管是用钱还是攒钱，钱总是越多越好，没有个够的时候，因为他们天性就是这样，不是奢侈浪费就是贪得无厌。富人享受着穷人的成果，而穷人和富人在数量上的比例是一千比一。

我告诉它法律怎么会毁灭人，生活中有一群从青年时代就开始接受教育的人，他们会玩弄文字的艺术，并根据雇主的需求，黑白颠倒，使不适合道义的事情合法化。

D：运用了排比，很有气势。

师：你还能用这一句式接着续写句子吗？

B：我来完成。

A：在和马主人的交谈中，格列佛逐渐地认清了殖民战争、法律不公、金钱政治以及贪婪与穷奢极欲等人类社会现象的真实面目。这些文字让我们强烈感受到，它尖锐地讽刺着“我”的那个国度的方方面面，人性的贪婪、政治的腐朽等让原先的“自大”瞬间崩塌。

师：格列佛逐渐发现自己甚至人类和耶胡之间并没有什么本质上的差异，以至于他也不得不承认这种曾经令自己作呕的动物就是他的同类，甚至耶胡也把他当作同类。

【设计意图：名著的深层阅读是找出共性，更能读出不同。这是本课的重点。采用小组四人合作分工的方法，抓重点语句，进行个性化解读，读出文意，读出自我。】

三、一路成长一路歌

师：马国认为的真正理性是什么？为什么会让格列佛有那么痛彻心扉的觉醒？

多媒体：我必须承认，这些优秀的四脚动物身上有许多优异的美德，与人类的腐败形成鲜明的对比，开阔了我的视野和知识面，我学会开始用一种全新的目光审视人类的情形，而没有必要维护同类的尊严。在主人身上，我感受到自身的不足，在主人身上，我决定为了真理不惜牺牲自己的一切。……我们没有资格宣称自己是理性的动物。（第四部第7章）

生：不受感情和利益的干扰、蒙蔽和扭曲。友谊、仁慈、正义、谦虚、节制、勤劳、运动、清洁等。

师：我们的理性是什么？

生思索。

小组四人讨论交流，鼓励个性化解读。

师：作者写作《格列佛游记》的时代正是启蒙运动风起云涌的时期，人们凭借理性的光辉照亮了头脑，人们建立了科学理性，破除了宗教蒙昧。一方面是科学进步给人们带来了财富和物质进步，人们建立了资产阶级共和国。另一方面，人们也依靠科学进步发明武器，发动侵略，拓展海外殖民地。但斯威夫特没有被这种进步蒙蔽了双眼，他清醒地看到了这个社会存在的劣根。这就是“讽刺”的手法。

师：欧洲人大力推崇的理性并不是真正的理性。理性成了笑柄，理性的文明现出了野蛮的一面，看似合理的逻辑却荒诞不经。理性并没有使人类在道德上获得提升，所谓的社会进步也因此成了自欺欺人的空中楼阁。

师：你从这部名著中收获了什么？

生：作者说，他写书的目的是传达真相，所以，让人们变得真正理性是他的本意。

生：每个人应该活得真实，发挥人性中善的因子，让人文精神散发更强的光和热。

……

【设计意图：本题的设计是为突破本课的难点，让学生畅所欲言理解作者的写作意图。虽有难度，借助资料和小组合作，将抽象问题具象化，具象问题简单化，层层分解。任何作品的解读都离不开对写作背景的了解，所以在以后的名著指导课上，重视自己第一手资料和巧借他人之力，

将书读通，读透，读薄。】

作业：制作《格列佛游记》的思维导图。

❖教学反思

名著阅读教学一直是语文教学中令教师比较困扰的部分。大部分教师往往会采用布置学生课外自主阅读，完成读书笔记的方式读名著，久而久之，学生会丧失学习的自觉性和兴趣。采用小组合作探究的形式，能提高学生学习兴趣，促进分析能力和团结协作能力，起到事半功倍的效果。新课标要求学生学会自主探索与合作，整个教学过程对教师提出更高的要求。因此，在初中语文名著阅读的导学过程中，运用恰当的教学策略，有利于落实学生对名著的真实阅读。

一、精心设计和分配任务

语文的阅读课需要教师整体规划，然后进行阅读打卡。让学生在课下按章节按人物进行分类阅读，自己做好知识的积累。《格列佛游记》这本书的“教师导读”完成之后，可以提供具体的阅读要求：任务一，4 天阅读小人国部分。任务二，4 天阅读大人国部分。任务三，2 天阅读飞岛国部分。任务四，2 天阅读马国部分。在读书打卡过程中，做好批注，有疑问的地方圈画，问老师。每一个任务都会出示问题引领。如马国部分，你认为文中的理性与我们认识的理性一样吗？如此，在教师整体规划指引下，学生的阅读会更有计划，也更容易落实。

二、运用自主学习和小组合作探究突破重难点

各小组根据教师的安排认领任务，小组内成员需将认领到的任务进行深入研读。例如就“主要内容”“人物形象”“艺术特色”“主要思想”等方面，ABCD 同学做好分工，认真研读后完成任务。组长汇总个人的读书卡资料，再整理归纳，以适当的形式呈现后，准备班级汇报。这个阶段，可以鼓励创新，如手抄报、思维导图、话剧表演等。

小组合作名著导读通过“教师导读”“个体自读”“小组共读”“班级分享”的方式展开实践课堂。“个体解读”保证个性化的阅读理解，“小组共读”则是合作交流阅读体验，形成相应的阅读成果；“班级分享”给予学生表现的机会，与学生达成共识：D 号同学必须有阅读文段的展示，BC

号有个性化解读，A 号同学要有思想的升华，每个同学都有任务，给予阅读行动的驱动力。“一千个读者就有一千个哈姆雷特”，从个体到小组，再到班级，化整为零，学生对名著的参与度明显提高，学习热情也比较高，的确取得了较好的效果。

在自主学习与合作探究中启迪心灵智慧

——作文课《心中的那粒种子》分析与反思

❖背景导读

《心中的那粒种子》作文提示语：父母、教师那暖暖的爱，朋友、同学那默默的关怀，一本好书带给我的感动，袁隆平爷爷那浅浅的笑，都会在我们心中播下一粒种子……请以“心中的那粒种子”为题，写一篇不少于 800 字的文章。要求：(1) 除诗歌外，文体不限。(2) 不得抄袭，不得套作。这是一篇命题作文。命题作文首先要审好题，要咬文嚼字，仔细琢磨，找出题目的关键字眼在哪儿。找准它，审准题目的要求、重点和范围，确定文章的中心，再下笔成文。审题立意是写作的重难点，本节课采用小组合作学习模式突出重点，突破难点。

❖案例过程

一、认识一粒种子

教师通过课件展示一粒种子，石子路和肥沃的花园。

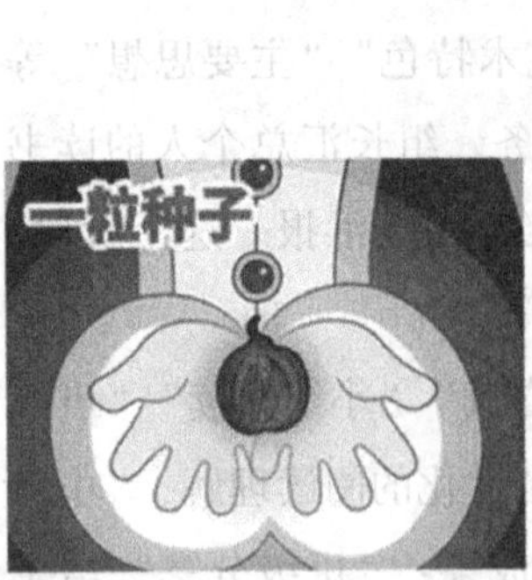

师：我们今天想让它在不同的环境里生长，石子路旁和肥沃的花园。

你选择哪里呢？

有的学生想要选择石子路旁，有的学生选择肥沃的花园。

师：同学们，你的选择不同，预示着这粒种子会有不同的生长过程？今天我们选择它的生长环境，我们却无法选择自己的出身和家庭环境。

师：今天我们就随着这粒种子寻找它的未来。看看给我们什么启示。

【设计意图：课上教师出示的种子立刻吸引了学生的注意。很多孩子是出于好奇或者好玩，选择石子路旁。而有的时候我们无法选择自己的出身和家庭，那我们应该怎么做呢？】

二、如何审题

师：大家看到这一题目，哪个词是关键词呢？

生：心中。

师：那粒是不是也是关键词？

生：种子。

师：我们已经把题目里的关键词都挑选出来了。

师：小组讨论，选择一个关键词，说出你的理由。

师巡视。

师：现在来检测一下小组的讨论结果，由D号作为代表发言。

生回答。

师：通过发言，发现部分同学对种子的看法比较集中，并且发现它还有深层含义。表层含义指的是自然界的种子。深层含义是它的比喻义和象征义。真棒！

出示课件：

满树的花朵，满枝的果实，最初只源于那粒小小的种子。

一般来讲，可以称之为“种子”的内容很多，可以是物质的，如书；也可以是精神的，如读书、文学、科学、梦想、理想、环保、愿望、善念、爱心、自信、勇敢等。也就是说，许多带给我们心灵温暖、阳光、愉悦的事物或情感都可以视为“种子”，可指人、指物、指氛围、指场合、指某种心情等。

师：当我们感到忧愁、艰辛、痛苦、不幸、失败、挫折的时候，我们需要这样一粒小小的种子来播种希望。好书是一粒种子，使人睿智地成长；梦想是一粒种子，使人奋斗和坚强；善念是一粒种子，使人变得阳光和高尚。种下一粒种子，可能会影响我们的一生。

生：老师，我觉得这个题目里的“种子”，更多的指心理层面，内心对自己的一个要求和期许；也可以指对他人的一个承诺，对未来生活的一个愿景；还可以指学生希望凭借这个来提醒自己，激励自己，引导自己去面对生活，迎接未来。

师：非常同意。

生：主题思想应突出一粒种子给人怎样的启迪，即对自己的影响。

师：大家对题目解读得很透彻，接下来我们以小组为单位，说说你的初步构思。

小组合作。七嘴八舌说看法，通过肯定或否定方式让学生要有质疑能力。

奥杰组：成长的“种子”：可以如《孤独之旅》一样，围绕“成长”主题，写种子的成长过程。它虽然落于贫瘠之地，但能破土而出，得以成长，最终经历挫折，枝繁叶茂，华丽蜕变。也可以写父母与自己的共同成长，比如教育培养不能着急，不能只看到开花和结果，有时也要看到有些教育和培养是在培根。

俊杰组：理想的“种子”：小时候的某次经历让你对某事某物产生了兴趣，种下了理想的种子，从此你在追求理想的道路上不懈努力着，也收获着喜悦。比如读书的种子、科学的种子、文学的种子、音乐的种子、环保的种子……

欣彤组：美好品质的“种子”：在心里埋下一颗种子，这颗种子里有向善、向上的力量，会发芽，长成一棵参天大树。比如父母的谆谆教诲、老师的言传身教、陌生人的关爱等，在心里种下一颗善良、正义、奉献、公益、乐于助人的种子，通过遇到的人，经历的事，看见的景，这粒种子冲破坚硬的外壳，冲破泥土的禁锢，发芽、开花、结果……

建议组：兴趣的“种子”：播下兴趣的种子，收获成长的快乐。比如对某些事物的喜欢与热爱，让你也在潜移默化中产生了兴趣，让你也埋下兴趣的种子，树立远大的理想。

亦菲组：榜样的“种子”：成长路上的引路人、榜样、父母、老师、朋友等，他们做事情的方法和态度，对自己的影响和启发，在自己心里种下一颗榜样的种子，要向他们学习。

童新组：教训的“种子”：因为某件事情是自己的遗憾，但是现在无法弥补，所以只能在心里记住这颗种子，提醒自己不要再犯错（要珍惜，不要自以为是，不要以貌取人，不要自私自利等）。

师：无论选择写自然界的种子萌芽，还是人生道路上的经历挫折，都要写出自己的真实感受。这样的文章就符合感情真挚、思想健康的要求。读书、美好、梦想、自信、善念，立意范围是很宽泛的，可根据自己最熟悉的文章类型来写作。

【设计意图：经过小组学习讨论，学生能用自己的话，说出自己的独特体验和个性化的感受，通过小组合作学习的交流进行优势互补。小组四人合理分工，由于组员之间综合他人的信息，差生也能有所启发，写出令人满意的文章。教师通过观察将合作的观念灌输到每一个孩子心中，通过师生合作带动生生合作，及时纠正作文审题中的偏差，发现问题，正确引导，有助于小组顺利开展小组合作。】

三、怎么立意

师：夏衍在散文名篇《野草》中，赞叹植物的种子是世界上力气最大的。种子的力量来源于向往阳光的“向上”，更来源于扎根沃土的“向下”。袁隆平院士生前常说：“人就像一粒种子，要做一粒好种子。”那这篇文章我们该怎么立意呢？

小组讨论：那石子路旁的种子会羡慕肥沃的花园里的种子吗？说出你的理由。

师：请各小组代表说一下你们的答案？

艺静组：会。

师：为什么呢？

艺静组：那里土地肥沃，风景好。

师：有反对意见吗？

洪星组：但是那是人给提供的环境，不是自然环境。

师：这位同学很有生活经验呢，那你的答案呢？

洪星组：不会，应该活得坚强。

师：有优越的环境，我们为什么不利用呢？

洪星组：会羡慕。

师：那结果呢？

洪星组：如果选择不了环境，就去适应环境。

亚飞组：如果被风吹到了石子路旁，就随遇而安，默默生长。

师：特别棒！有没有第三种选择？

生：没有。

师：我同意刚才的说法，随遇而安，坚强生长。

师：如果是你要执笔，你会写什么呢？

静怡组：如果写自然界的种子的成长，可写成散文或记叙文，还可以将一粒小小的种子拟人化，用种子的视角来看待世间万物，写出种子因心怀梦想而绽放美好的经历。

钊霖组：也可以抒发对春天的期待与赞美。

晓晴组：如果写人生的成长，可以写记叙文，叙述走出困境，冲破“泥土”束缚，走向美好新生的故事。不管写什么内容，我们都要写出“种子”对自己的影响，而且文末一定要点题，指出这个影响还会一直延续下去，影响我们的一生。

师：确定好文章的中心之后，就需要围绕中心选取最能表达中心的材料，列出一个简要的提纲，确定先写什么，再写什么，后写什么。“苔花如米小，也学牡丹开。”即使卑微的种子，也能开出绚丽的花朵，即使平凡的人，也能收获丰硕的果实。拿起笔，郑重的书写吧。

【设计意图：联系生活实际问题，激发学生的探究欲望，教师引导学生利用自然界的一粒种子的联结点，把握课堂导向，帮助学生实现同化与迁移。小组合作探究和探究结果汇报碰撞出了思维的火花，让学生对不同环境下的种子怎么面对未来都得到进一步提升。同时，让学生感受到了对心灵有启迪的语文，提高了学习兴趣，丰富了生活经验。】

❖教学反思

在小组合作分配任务时要充分考虑到成员 A、B、C、D 不同等的问题，要细化到个人，从而避免了以往完成任务的只是少数学生的个人表现的现象，使不同的学生有不同的收获，避免了组内冲突问题，更好地加强了团结合作精神。教师应密切关注学生的情绪，随机应变地想出调节课堂气氛的方法，使学生的思维处于活跃状态，积极认真地思考问题。教师巡回指导，引导学生采用正确、有效的合作方法，给予及时点拨、鼓励和帮助。

在课堂教学中要给予学生及时客观的评价。评价对于推动学生自主学习尤为必要，没有必要的评价，就无法对学生自主学习进行有效的监控，势必造成课堂的放任自流，因此，应采用教师评价和学生互评相结合的方式，重点侧重于学生间的互评，小组互相打分，学生个人在课堂上回答问题的次数和质量同时也能影响本组的分数。这样一来，小组与小组之间竞争激烈，从而调动了学生的积极性。

在自主学习与合作探究中获取情感新体验

——苏轼诗文整合复习分析与反思

❖背景导读

在减负增效的背景下，课标中必考的古诗文很多，为有效整合课堂教学内容，提高学生学习效率，把这些诗文按照作者、情感、时代等分类学习。苏轼的《江城子·密州出猎》《水调歌头·明月几时有》《记承天寺夜游》三篇诗文，情感不同。《江城子·密州出猎》的报国豪情，《水调歌头·明月几时有》的兄弟情深，《记承天寺夜游》的清新明丽，虽自成一体，但贯穿始终的是大胸怀、大气度与真性情。

设计复习目标：三篇诗文比较阅读，感受苏轼家国情怀和旷达胸襟；仿写，感受苏轼语言魅力。这两个目标是本课的重难点。

❖案例过程

一、导入复习

林语堂在《苏东坡传·序》中这样写道：“我可以说苏东坡是一个不

可救药的乐天派，一个伟大的人道主义者，一个百姓的朋友，一个大文豪，大书法家，创新的画家，造酒试验家，一个工程师，一个憎恨清教徒主义的人，一位瑜伽修行者，佛教徒，巨儒政治家，一个皇帝的秘书，酒仙，厚道的法官，一位在政治上专唱反调的人，一个月夜徘徊者，一个诗人，一个小丑。”苏东坡为何会有这么大的魅力呢？今天就让我们一起再读苏东坡的《江城子·密州出猎》《水调歌头·明月几时有》《记承天寺夜游》三篇诗文，一起感受苏东坡的真性情。

让学生出示课前搜集的苏轼资料。（不同的小组承担不同的收集任务。）

组内复习三篇诗文，背诵，记注释。

不同小组的同号进行竞争。

【设计意图：名人名言的引用提高学生的上课关注度。三篇诗文的复习难度不小，小组合作课前搜集的苏轼资料降低了难度，学生查找资料的过程就是学习的过程。四人一组复习，有助于准确把握重点和考点。不同小组间的同号竞争调动学生积极性。】

二、比读，读诗悟情

背景介绍：《江城子·密州出猎》写于被贬密州太守之时，其余两篇节选自被贬黄州团练副使之时，特别是在黄州时苏轼的官职越做越小，每天还要垦荒种地，但是他的诗文却在此时开创了新的天地。（学生出示自己搜集的资料。）（同一小组内补充完整。）

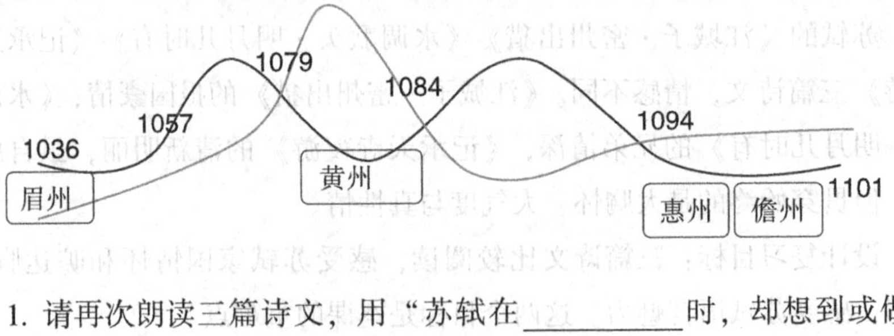

1. 请再次朗读三篇诗文，用“苏轼在________时，却想到或做到________”的句式评价苏轼。

例如：《记承天寺夜游》：苏轼在被贬黄州，生活困顿、日间劳累时，却能看到世间最美的月亮，做到欣然起行，悠闲赏月。

《水调歌头》：苏轼在兄弟分离之时，却能超脱兄弟之情，祝福天下有情人共赏美景，共叙天伦。

《江城子·密州出猎》：苏轼在被贬密州之时，却仍然能够带领百姓抗洪救灾，受到百姓的“倾城以待”；在被贬鬓微霜之时，却能忘却一时的失意，纵马飞奔，亲身射虎，尽显少年的狂气。

【设计意图：本题设计的目的是对三篇诗文的内容进行快速的回顾、梳理，用提纲挈领的句子概括诗文内容，节约时间，提高课堂效率。】

2. 比读这三篇诗文或者选取其中的两篇，说说他们有什么异同点？（组间竞争，抢答）

（1）《水调歌头》和《记承天寺夜游》都是月夜有怀，有柔情；

（2）这三篇都能看到苏轼旷达的胸襟；

（3）这三篇都有描写的句子；

（4）《记承天寺夜游》和《江城子》都有隐隐的贬谪的失意；

【设计意图：将题目设计成选择形式，降低学生的思考难度。同时群文阅读，完成共性和不同的对比，发展学生的思维，锻炼学生语言表达能力。组间竞争抢答的方式调动学生积极性。】

三、仿写，品读语言

蒋勋说：“苏轼作为一个这么重要的文学创作者，文学真的而不是他的职业，他没有刻意地为文学而文学，而是在生命当中碰到那个事件的时候，他的真情会完全流露出来，他的文学也就出来了。”**“月色入户”就“欣然起行”，看到月的阴晴圆缺就想到“人有悲欢离合”**，他的一些句式甚至引起当时的一种风尚，一片跟风热潮。

1. 请你仿照这样的句式也来写两句。（偶像的魅力）

东坡《水调歌头》：“**我欲**乘风归去，**又恐**琼楼玉宇，高处不胜寒。起舞弄清影，何似在人间？”被人竞相模仿。

生1：我欲放弃目标，又恐父责母怨，几年汗白流。

生2：我欲放弃晚饭，又恐胃闹肚怨，半夜睡不着。

生3：我欲火锅泡面，又恐体重节攀，痘痘脸上现。

师：苏轼语言的魅力还有很多，他写景细腻生动，抒情磅礴大气，他会让你越读越爱，越读越叹。

2. 苏轼语言魅力（至俗至雅）

师：苏轼却最擅运用。例如他的“明月几时有，把酒问青天”通俗易懂，就能朗朗上口。

生：如《蝶恋花·花褪残红青杏小》中的句子“墙里秋千墙外道，墙外行人，墙里佳人笑”，如“人生如梦”，就是大家平时都会说的话，没有什么特别艰难的地方。

师：希望我们写文章时，也能把真情流露在笔端，顺着自己的心意，写出好的文章。

【设计意图：品读语言，语言的建构和运用也是语文核心素养的要求。本题的设计是让学生学以致用，对于名句式弄懂会用，通过学生的举例发现学生的兴致很浓，参与度很高。教师需要进行价值观方面的引领。补充苏轼语言的接地气，能从膜拜苏轼到品读名句，处处感悟苏轼的魅力。并且让学生明白偶像就在身边，就在笔尖。】

四、赏读，唱出赞歌

师：罗曼·罗兰说：“生活中只有一种英雄主义，那就是认清生活的真相之后依然热爱生活。”这样的苏东坡我们怎能不爱？把磨难当财富，愈挫愈勇，在人生的坎途中升华自己，遭遇低谷反倒唱出了生命的华章。

请读下面的文字：（多媒体）

如果没有苏轼，我们看到月圆月缺不会说：人有悲欢离合，月有阴晴圆缺；

如果没有苏轼，我们也不会在安慰别人时说：天涯何处无芳草；

如果没有苏轼，我们也不会在形容自己孤寂处境时说：缥缈孤鸿影，在表达自己高洁自许、不愿随波逐流的心境时说：拣尽寒枝不肯栖，寂寞沙洲冷；

如果没有苏轼，我们也不会在感叹世事无常时说：人生如梦；

如果没有苏轼，我们也不会在与朋友玩乐时说：诗酒趁年华；

“事如春梦了无痕”“人生如逆旅”“人间有味是清欢”“此心安处是吾乡”“一蓑烟雨任平生”“腹有诗书气自华”……这样的句子也都将在我们的生活中消失。

接下来写出你的赞歌吧。(根据搜集到的苏轼资料补充)

【设计意图：通过复习，学生对三篇诗文的内容已经非常熟悉，对于苏轼的其他作品因积累较少，所以这个题的难度加大。但同时给学生一个警示：不断学习积累的重要性。小组合作收集的资料起到了关键作用。很多孩子从历史背景去答，拓展了知识面。】

❖教学反思

苏轼的诗文，因其复杂的人生经历，让人觉得回味无穷。群文阅读的方式是节约时间，提高课堂效率的初步尝试。作为群文阅读的教学设计，教师要善于抓住入手点，让学生从苏轼诗文中去归纳，同时又要培养学生举一反三的学习能力，要让学生学习后，能爱上苏轼诗文，去品读他的诗文，去更多地了解苏轼的达观与报国志向。教师在引导学生阅读时，需要花大功夫，把学生的阅读动力激发起来，教师本人也要提高自己的阅读欣赏能力，更好地引导学生欣赏作品，培养学生良好的阅读鉴赏能力。

一、合理分工明确小组任务

首先要求学生查找资料，了解苏轼的生平，特别是他的仕途经历，以及在不同境遇下分别写了哪些诗词，做到知人论世，有助于让学生形成一个较为完整的印象。如全班有 7 个组搜集背景资料，7 个组搜集诗词名句。

其次，提前让学生去复习，让同学们去背诵、理解、赏析。课后要求学生背诵并做赏析。从不同角度来选择诗词，有助于学生从不同角度来认识苏轼。但也存在一个问题：学生的赏析能力有限，大部分缺少自己的感受和思考，很多学生并没有真正地读进去。接下来，让学生写写对苏轼的理解和感悟，写出自己心中的苏轼，但是效果不理想。这就是学生还未真正走进苏轼、了解苏轼。

二、运用自主学习和小组合作探究突破重难点

设计上，我抓住一个句式对三篇诗文的内容进行快速的回顾、梳理，用提纲挈领的句子概括诗文内容，节约时间，提高课堂效率。对比异同来引导学生对这组群文进行阅读，发展学生的思维，锻炼学生语言表达能力。组间竞争抢答的方式调动学生积极性。使用恰当的介绍苏轼人生经历的资料，给学生直观的感受。品读语言，语言的建构和运用也是语文核心

素养的要求。本题的设计是让学生学以致用，对于名句式弄懂会用，通过学生的举例发现学生的兴致很浓，参与度很高。老师需要进行价值观方面的引领。补充苏轼语言的接地气，能从膜拜苏轼到品读名句，处处感悟苏轼的魅力。并且让学生明白偶像就在身边，就在笔尖。再以个人读苏轼诗文的独特体验，在苏轼仕途失意，妻儿病逝离他而去的时候，苏轼没有倒下，依然豁达的对待人生，使学生在心智上获得启迪。小组合作读苏轼的词先展示自己独特的阅读体验，把诗歌融入自己的生活生命里，令人兴奋感动，这才是好的读诗方法。从他人的回答中得到思想的共鸣。

自主学习与合作探究助力高效讲评课

——八下第二单元试卷讲评课分析与反思

❖背景导读

今天上课的内容是试卷讲评，由于基础知识考查琐碎、课外文言文翻译难，阅读多，如果教师一个人讲会枯燥无味，效率低下，学生也会听得很累。于是，在一节课内，可将试卷内容按小组分成三部分：基础知识由第一组全体同学负责备课；诗歌鉴赏由第二组全体同学负责备课；语言品析类由第三组全体同学负责备课。分组的意图是争取让全班同学都能积极参与课堂，其次是希望每位同学都能养成独立认真改错的习惯。

本节课目标：

1. 通过讲评试卷，检查出学生不理解或没掌握的知识点，做好查漏补缺工作。

2. 培养学生综合分析问题的能力和语言表达能力，让学生掌握答题技巧，做到答题规范。

❖案例过程

一、分析考情，寻找差距

先由学生独立修改试卷，找到错误的原因，能自己改正的题目先修改，不能独立修改的小组内共同讨论。

（多媒体展示）

错题分析

题型	题号	正确率	考点
选择题	1	49%	字音
	2	51%	字形
诗歌鉴赏	8	50%	语言分析
	9（1）（2）	29%	诗歌鉴赏
现代文阅读	20（1）	69%	语言品析
	20（2）	64%	

存在的问题

1. 基础知识：掌握不扎实，粗心。

2. 诗歌鉴赏题失分较多：主要存在审题不明，缺乏答题技巧的问题。

3. 语言品析类试题：主要存在品析角度没找对、脱离文本、空话套话等问题。

4. 书写潦草，卷面较乱。

【设计意图：试卷得分及失分情况分析（既能使学生认识到进步，也能使一些学生意识到不足）。总结失误原因重新审视试卷，让学生自行修改，汇报修改情况，提高学生信心。】

二、合作探讨，归纳方法

1. 基础部分

活动一：小组合作，交流试卷第 1、第 2 两题，将错音、错字改正。完成拓展练习一。

拓展练习一（导学案出示题目）

（1）注音。

方兴未艾（ài）　辟谣（pì）　古刹（chà）　乳臭未干（xiù）

隽永（juàn）　押解（jiè）　肖像（xiào）　气氛（fēn）

憎恶（zēng）　木讷（nè）　绦虫（tāo）　逮捕（dài）

档案（dàng）　飞来横祸（hèng）

同仇敌忾（kài）　绿林好汉（lù）

（2）找出写错的字，并改正。

一幅对联（副）　渡假村（度）　悬梁刺骨（股）　挖墙角（脚）

谈笑风声（生）　水笼头（龙）　人情事故（世）　走头无路（投）

活动二：小组展示。

全班出现错误较普遍的问题教师重点讲解。

【设计意图：字音、字形、成语问答题的错误属于个别现象，找出现错误的同学讲清答案，重点讲明答案的由来，使学生“知其然”，更要“知其所以然”。强调注意细节，会做还需做对。由小组内交流重点字词，易错字词，重点字词，做到组内人人清，教师只要把易混点讲清楚即可，节约了时间，提高了课堂效率。】

二、诗歌鉴赏部分

师：什么是诗歌的景象？（多媒体展示）

生：景象是写景诗或杂诗中所写出来的景色。

生：一般包括：景物描写、场面描写（农事、战争、狩猎、离别等）、色彩描写（如《诗经》中的“蒹葭苍苍，白露为霜”“桃之夭夭，灼灼其华”等）。

师：是的，诗人为什么要描绘景象？（多媒体展示）

生：诗歌是表达情感的，若只写实在的情思，就会死气沉沉，没有生气，也就失去了诗味。

生：诗人化情思为景象，通过景象来寄托情感。

师：怎样把握和鉴赏诗歌的景象？（多媒体展示）

学生小组讨论。

光烨组：把握画面可以描摹出主要的景物，用自己的语言描绘诗中展现的图景画面。

雨晴组：可从景物的组合方式（远近、高低、俯仰、上下等）、画面色彩（明暗、冷暖）、动态静态等方面着手鉴赏诗歌的画面美。

师：刚才光烨组和雨晴组都说得特别好，我们就学以致用，分析杜甫《绝句》的画面美。

绝句

（唐）杜甫

两个黄鹂鸣翠柳，一行白鹭上青天。

窗含西岭千秋雪，门泊东吴万里船。

元康组：画面有近景，有远景。近处，两个黄鹂在碧绿的翠柳中婉转鸣唱；远处，湛蓝的天空中一行白鹭悠然自飞；远处高高的山巅，积着一片皑皑的白雪；近处门前的江边停泊着一只只从远方来的帆船。

明宇组：画面色彩鲜明，前两句黄、翠、白、青，用了四种颜色。这样，就景物的远近和各种色彩构成画面。千秋雪显得时间的永恒，万里船显得空间的广阔。

运会组：画面动静结合，一二句是动景描写，三四句是静景描写。

奥杰组：老师，我们补充一下，概括景象所营造的氛围特点一般用两个双音节词即可，例如孤寂冷清、恬静优美、雄浑壮阔、萧瑟凄凉等，注意要能准确地体现景物的特点和情调。

师：能够根据情景氛围的特点分析作者的思想感情。要具体分析，切忌空洞。充分阅读理解给出的注解。

通过刚才分析的方法，小组合作，分别赏析《江天暮雪》《江雪》的景象，并订正第9题。做好记录，准备展示。(导学案展示)

	描绘画面	鉴赏画面	意境（氛围）特点	诗人情感
《江天暮雪》				
《江雪》				

活动一：小组展示。

拓展练习二（导学案出示题目）

活动二：阅读下面两首古诗，然后回答问题。

秋夜独坐

（唐）王维

独坐悲双鬓，空堂欲二更。

雨中山果落，灯下草虫鸣。

夜深

（宋）周弼

虚堂人静不闻更，独坐书床对夜灯。

门外不知春雪霁，半峰残月一溪冰。

（1）两诗中均写了夜景，又有所不同。请具体说明。

王诗写的是“秋夜”，写了山中果落、灯前虫鸣的现象；周诗写的是“春夜”，写了春雪初停、残月挂山、溪水成冰的景象。王诗描写的是动景，周诗描写的是静景。

（2）两诗中均有“独坐”，而作者的心境有什么不同？

王诗写的是悲哀孤独的心境。一、二句写诗人独坐的孤寂和岁月流逝的悲凉；三、四句写草木昆虫零落哀鸣，更添悲哀。周诗写的是宁静安适的心境。一、二句写诗人独坐灯下苦读，不觉夜深；三、四句用“不知”室外景色的变化衬托了诗人夜读时的投入和专注。

【设计意图：诗歌鉴赏一直是学生的弱项，很多孩子不愿读，读得少，读不透，导致答题时模棱两可，缺少胸有成竹的底气。通过师生共学，小组讨论，总结答题方法，比教师个人讲解灌输答题方法，学生更容易接受。通过讨论，总结，练习巩固，让学生在层层递进的过程中由抽象到具体的应用。真正发挥小组的力量。】

3. 语言品析类试题

活动一：分析试卷第 8 题、第 20 题第（2）小题（多媒体展示）

8. 请赏析《江天暮雪》中“半梅花半飘柳絮”的妙处。 20.（2）围绕加点内容，赏析句子。 只是我的爱永远比不上你的爱，宽阔辽远一望无际的大海，纯粹透明没有丝毫杂质，而我，只能用杯水，去回报大海。

寻找两个题目的共性之处。

小组合作回顾修辞类答题思路。

归纳方法。

练一练：赏析“千山鸟飞绝，万径人踪灭”的妙处。

活动二：试卷 20 题第（1）小题，赏析句子：（多媒体展示）

去医院的途中，你走得那么慢，弓着身子，一只手扶着膝盖，一步一步往前移。

小组合作讨论巧用词语类答题思路。

赏析下列诗句中黑体字的妙处。

春风又**绿**江南岸

红杏枝头春意**闹**

师：从表现手法、句式等角度切入（多媒体展示）

抒情方式：借景抒情、托物言志、借事抒情、直抒胸臆。

描写手法：动静结合、虚实结合、正面侧面、白描、烘托、象征等。

修辞：比喻、对比、排比、反问、夸张、拟人等。

如对《那一抹金黄色》中“我想我要是画家，我会用手中的画笔绘出这份美丽；我要是作家，我会用键盘敲打出最美的文字；我要是摄影师，我会用摄像机留住这份秋韵的别致……”这几句进行赏析可从排比句式切入分析。

【设计意图：语言的建构和运用是语文核心素养的基本要求。但在考试中，往往这类题目最容易失分，很多是学生考虑不全面，缺乏真正的感悟导致。授人以鱼不如授人以渔，一次试卷讲评不是纯粹讲答案，而是把学生的混淆点弄清楚，帮助学生厘清概念。同时用理解的方法掌握答题思路，真正达到做一题会一题。】

❖**教学反思**

本节讲评课讲练结合，提高了学生的解题能力。多媒体和导学案配合应用，课堂容量大，方便实用。但诗歌鉴赏部分内容较难，单凭讲解无法令学生真正掌握，所以运用自主学习和小组合作探究来突破难点。

本节课运用小组的具体方法：

1. 小组分题块讨论错题，这是一个互相纠错的过程，每位同学就自己的错题，向本小组内的同学请教，要求组内成员不仅要在每道出错题目的答案上达成一致，还要搞清楚错的原因，组内成员合作期间，小组长尽量按题的难易，组内成员学习水平分配相适宜的题目交流。

2. 各小组长做好记录：哪些是组内解决了的问题，还有哪些问题讨论也没有结论，需要帮助。

3. 展示分享，每组指派一名学生先交流组内解决了哪些问题，然后各组指出小组合作学习时“最有价值的一题”，要求介绍如何把这道题完成好的好方法或提醒大家注意的问题等，交流后评出“金点子”小组，最后各小组在黑板上写出组内解决不了的题号。

4. 组外交流，各小组长将小组讨论后不能达成一致意见的题目写在黑板上，寻求解决。各小组互相解决时，帮助组成员一定要说明解决问题的理由、根据或自己是怎样做本题的，受帮扶突出的小组可以加分，最后归纳出“共同问题”。

组别	1	2	3	4	5	6
不懂题目						
共同问题						

根据表格呈现的共性问题进行重点讲解，一节讲评课，通过师生合作，共同订正，解决了所有疑难，典型错题学生真正吸收消化了没有，这还要隔三岔五地抽查，所以试卷讲评后要让各小组长督促组员复习，做好二次重考准备，只有这样反复才能落实纠错。

总之，试卷讲评课和上新课一样，需要许多艺术和技巧。它涉及师生、生生、个体和个体、个体和群体之间的综合互动，教师必须从多方面多角度备课，立足学生的实际，激发学生的自主性、积极性，促进学生有针对性地进行自我评价与提高，才能让试卷讲评课上出味道，上出成效。

第二部分 自主与合作细节打磨在其他学科教学中的践行

第一节 自主与合作细节打磨在道德与法治教学中的践行

道德与法治《青春有格》新授课教学设计

课题	3.2《青春有格》	单元	第一单元	学科	道德与法治	年级	七年级
教学目标	**情感态度和价值观目标**：养荣辱意识，知廉耻，懂荣辱 **能力目标**：有所为，有所不为，对自己的行为负责，做到慎独 **知识目标**：知道“行己有耻”的内涵和要求						
重点	“行己有耻”的内涵和要求						
难点	有所为，有所不为，对自己的行为负责，做到慎独						

续表

教学过程			
教学环节	教师活动	学生活动	设计意图
游戏导入	公布萝卜蹲的游戏规则，发出游戏指令 完成游戏后请学生谈体会 总结导入：游戏是有规则的，只有遵守规则才能成为最终的赢家，那么我们飞扬的青春需不需要规范呢？（生答：需要）青春也需有格。可见，青春并不意味着肆意放纵，总有一些基本规则不能违反，一些基本界限不能逾越。今天我们就来学习——青春有格	根据教师指令完成萝卜蹲的游戏，思考感悟游戏有规则、青春亦有格的道理	通过参与游戏吸引学生兴趣，感悟其中道理，快速将学生引入课堂，引出本节课的主题青春有格
讲授新课	一、幻灯片出示课题、教学目标 二、合作交流 共同探究（突出重点、突破难点） 探究一：经典研读  古代圣贤阐述是什么意思，给我们什么启示？ 学生回答的基础上点拨： 行己有耻的意思是：一个人行事，凡自己认为可耻的就不去做；要知廉耻，懂荣辱；有所为，有所不为 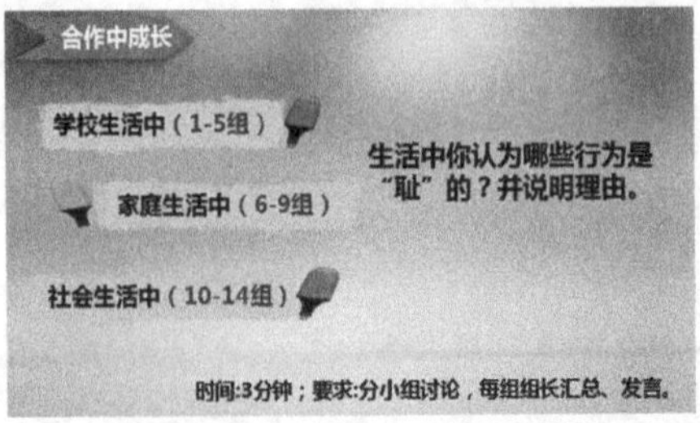	学生自读教学目标 学生说圣贤阐述的意思，谈启示 分小组发现探索汇总生活中耻的行为，并分析将其认定为耻的理由。小组汇报发言	引导学生通过圣贤经典语句思考感悟行己有耻的内涵 通过辨别生活中耻的行为增强知耻之心，提高辨别耻的能力

续表

讲授新课	探究二：生活探索 引导学生发现探索生活中耻的行为，并分析将其认定为耻的理由 教师点拨："行己有耻"需要我们有知耻之心，不断提高辨别耻的能力 探究三：反思中成长  由于丹博古论今谈顾炎武行己有耻的思想精髓，引出一个人说"对不起"不容易，说"我错了"很难，引领学生现场反思自我 抽取部分学生反思，回顾当时情景，说说自己感受，谈谈今后改变 教师点拨："行己有耻"意味着真诚面对自我、闻过即改，知耻而后勇 品他人故事促自我成长 播放视频案例：《不该出现的朋友圈》（见课件） 引领学生分析思考：你怎么看待纪某及其同学的行为？ 学生回答的基础上教师点拨："行己有耻"要求我们树立底线意识，触碰道德底线的事情坚决不做，违反法律的事坚决不做	学生反思，回顾当时情景，说说自己感受，谈谈今后改变 讨论交流，说出自己的故事，学生讨论发言	回归自身生活，在自我反思中收获成长 在品他人故事中明理导行，树立底线意识

续表

讲授新课	探究四：情景思考  情景剧（学生表演）：放学回家的路上小魏同学陷入纠结，小杜邀请他打游戏体验“新皮肤”，小马邀请他一起写作业复习功课准备期末考试，一边是想去的，一边是该去的，小马陷入了两难选择…… 引领学生分析：小马可能的选择，以及产生的后果及影响 共同分析的基础上教师点拨：行己有耻”需要我们磨砺意志，拒绝不良诱惑，不断增强自控力	观看情景剧，分析小马可能的选择，以及产生的后果及影响	极近真实、极有代入感的情景剧，使学生在身临其境的选择分析中，明晰道理，指导行为
课堂小结	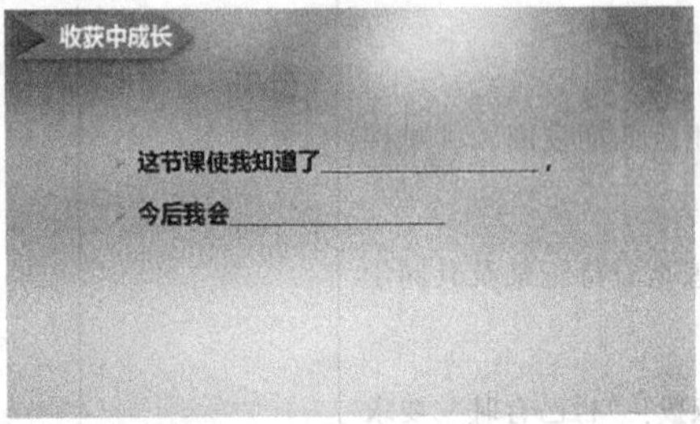 学生谈收获，教师总结	说出本节课自己学会什么	让学生总结，进一步体现学生的主体地位，把知识向能力和行动上转化

续表

青春宣誓 情感升华	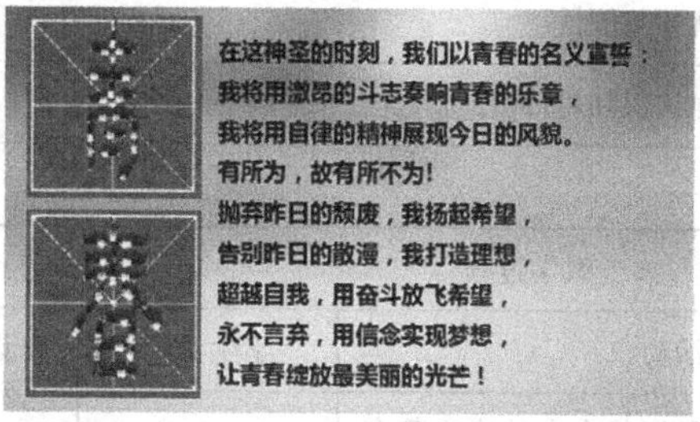	起立宣誓，情感洗礼	在激昂的青春誓言中，接受洗礼，升华情感，奏响青春乐章
板书			板书设计成田字格形式，对应主题
教后反思	情景创设贴近学生生活，体现以学生为主体的教学理念，尽最大努力为学生创设多种活动方式，以激发学生的学习积极性，让每一个学生动起来，畅所欲言，学有所获		

道德与法治《第五课 品出情感的韵味》复习课教学设计

课题	品出情感的韵味	课型	复习
复习目标	情感态度价值观目标：在人际交往中增强丰富的情感体验，感受生活中的美好情感 能力目标：学会创造正面的情感体验，传递正面的情感体验，能以适合自己的方式获得美好的情感 知识目标：知道情绪与情感的联系与区别，理解情感的作用。辩证分析负面情感体验，知道怎样传递情感正能量		

续表

复习重点	情感的作用、怎样传递情感正能量
复习难点	情感与情绪的关系、怎样认识和对待负面情感
复习方法	自主复习　合作探究

教学过程

教学环节	教师活动	学生活动	设计意图
一、 谈话导入 明确目标 （验标） （约2分钟）	1. 人非草木孰能无情，我们每个人的内心都有一个情感世界。关注自己的情感状态，不断创造、积累美好情感，不断传递情感正能量，会让我们的人生更有意义，这节课，我们就共同品味“我们的情感世界” 2. 明确复习目标、重难点	跟随教师思路回忆第五课内容	明确目标、重难点，使学生复习更有针对性
二、 网络构建 经纬互联 （达标） （约5分钟）	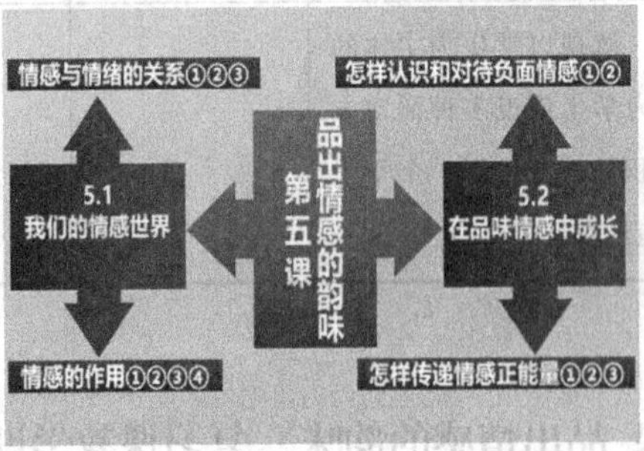 	学生四人小组（具体分工：A号组织引领，C号记录整理，B、D号在A号引领下积极参与）根据提示，结合课本，完成本单元网络构建，完成后班级展示	以小组合作方式学习，发挥集体的智慧，集思广益，以思维导图、知识树等多种形式将过去所学的知识加以梳理、整合、再现、提高，把握知识之间的内在联系，理清教材的脉络，使之系统化、条理化。且在梳理过程中提升归纳整理、与人合作的能力

续表

三、巩固记忆夯实基础（验标）（15 分钟）	指导学生分清主次复习基础知识	学生自主按照主次，先记忆重点问题，再巩固非重点问题 然后分小组检查落实，A、B 号相互检查，而后再检查 C、D 号，如有困难疑问组内讨论解难释疑	基础知识是能力的载体，是学生分析问题、解决问题的前提和理论来源。夯实了基础，学生才能做到厚积薄发。 小组检查落实的学习方式能有效做到不让一人掉队。组内互助过程中增强团队凝聚力
四、创设情境基础应用（达标）（5 分钟）	1. 茕茕孑立 沆瀣一气 踽踽独行 醍醐灌顶 绵绵瓜瓞 奉为圭臬 龙行龘龘 犄角旮旯 娉婷袅娜 涕泗滂沱 呶呶不休 不稂不莠 茕茕孑立：孤身一人。形容一个人无依无靠，孤苦伶仃 涕泗滂沱：形容哭得很厉害 2. 如梦令・昨夜雨疏风骤 宋・李清照 昨夜雨疏风骤，浓睡不消残酒。试问卷帘人，却道海棠依旧。知否，知否？应是绿肥红瘦。 全词委婉地表达了作者怜花惜花的心情，充分体现出作者对大自然、对春天的热爱，也流露了内心的苦闷 作者李清照既有巾帼之淑贤，更兼须眉之刚毅；既有常人愤世之感慨，又具崇高的爱国情怀。她的词作在艺术上达到了炉火纯青的境界，表达了丰富多样的情感体验	学生思考回答： 1. 听歌曲思考回答： （1）情感与情绪的关系？ （2）成语描述的是何种情感？ （3）我们应如何认识和对待这种情感？ 2. 结合李清照的词谈一谈情感在我们生活中的作用	《道德与法治》最大的特点就是提升学生分析解决实际问题的能力，以达到明理导行，指导学生生活的德育目的。这一环节中歌曲、古诗词将基础知识进行串联，使学生系统地掌握知识，明确前后知识的联系。学会灵活运用知识解决实际问题

续表

四、 创设情境 基础应用 （达标） （5分钟）	3. 我们都是追梦人 千山万水　奔向天地跑道 你追我赶　风起云涌春潮 海阔天空　敞开温暖怀抱 我们都是追梦人 在今天　勇敢向未来报到 当明天　幸福向我们问好 最美的风景是拥抱	3. 品味歌曲，结合生活实际谈一谈我们怎样传递情感正能量？	
五、 典题精析 能力提升 （达标） （5分钟）	1. 价值判断 情感是短暂的、不稳定的，而情绪相对稳定。 判断： 理由： 2. 情景分析 读材料，回答问题。 有一种自豪，叫“我有中国”；有一种责任，叫“中国有我”；有一种表白，叫“我爱你祖国”！全国各地群众采用多种方式，向祖国母亲深情表白	1. 学生分析题目进行判断，说明理由，并总结答题方法 2. 思考： （1）上述材料反映了什么美好情感？ （2）从情感的作用的角度，谈谈各地开展“表白祖国”行动有何 （3）回应情感，接力表白，向祖国母亲献礼，你会怎样传递情感正能量？	本环节在学生已经巩固基础知识的前提下进行，且属于基础应用，因此以学生自主为主，班内互助释疑为辅

续表

六、 限时练习 查漏补缺 （验标、 补标） （10分钟）	1. 小闽参加了学校组织的“学四史，树理想”系列研学活动，被先辈们的英勇事迹深深感动，他暗下决心要努力成为社会主义合格的建设者和接班人。材料说明（　　） ①情感表达的方式是多种多样的 ②情感会影响人们的判断和选择 ③情感是短暂的且会随情境变化 ④情感可通过有意的活动获得 A. ①②　　B. ①④ C. ②③　　D. ③④ 2. 羞耻感、焦虑感和挫败感等会给我们带来不舒服、不愉快的负面感受，但是体验负面感受未必是件坏事。对此，下列观点正确的是（　　） ①某些负面情感体验对于我们的成长也有意义 ②生活中，负面情感体验越多越好 ③体验负面感受可以丰富我们的人生阅历 ④我们应善于将负面情感转变为成长的助力 A. ①②③　　B. ①③④ C. ②③④　　D. ①②③④ 3. “自然击你以风雪，你报之以歌唱。命运置你于危崖，你馈人间以芬芳。”2020感动中国年度人物张桂梅，一身疾病，却帮助1800多名贫困女孩圆梦大学，创造了大山里的“教育奇迹”。张桂梅的事迹（　　） A. 表明情感是人最重要的精神追求 B. 说明健康状况决定了是否帮助他人 C. 传递了美好情感和生命的正能量 D. 说明人需要情感表达、回应与共鸣 4. 材料一：昨天的《道德与法治》检测题，我得了满分	对本节的教学目标完成情况进行测评，查漏补缺，及时巩固答题方法、答题技巧，增强学生的规范意识和答题能力。测评要以基础知识、重点内容为主，测评的方式可以灵活多样，通过测评，了解学生掌握情况 学生自主完成，小组内组长批阅，汇报完成情况，提出出错率较高的题目，组内解决不了的，班内同学老师答疑解惑	此环节的目的是在前两步强化基础知识落实的基础上，从不同的角度培养学生的能力：基础知识的理解运用能力、思维的拓展能力、答题的规范能力、行为习惯的养成等

续表

六、限时练习查漏补缺（验标、补标）（10分钟）	材料二：中午放学时，在操场一偏僻处发现一名高年级的同学在欺负一名低年级同学，我很愤怒，马上向政教处反映了情况，那名高年级同学受到了严厉的批评 材料三：看到国家在美丽的西子湖畔成功举办二十国集团领导人第十一次峰会，向世界贡献了中国智慧、中国方案，也向世界展示了美轮美奂的中国印象、中国风采，我感到非常骄傲和自豪 （1）前三个材料中的“我”，有哪些情感体验？ （2）结合材料三，谈谈美好的情感有何作用。 （3）我们可以通过哪些方式创造正面的美好情感？		

道德与法治《中考模拟检测（二）》试卷讲评教学设计

课　题	中考模拟检测（二）	课型	讲评
学习目标	1. 培养严谨的学习态度，树立科学的应考观 2. 掌握各类题型的解题方法和解题技巧，提高分析问题、解决问题的能力 3. 了解自己本次考试及前段学习中存在的知识性问题，及时解疑纠错，系统掌握知识		
重点	试卷题目解析		
难点	培养学生理论联系实际、学以致用的能力		
学习方法	学生小组合作订正，与师生评讲义相结合		

续表

教学过程			
教学环节	教师活动	学生活动	设计意图
一、 直接导入 明确目标 （约2分钟）	师：这节课进行中考模拟检测（二）讲评。 明确目标、重难点 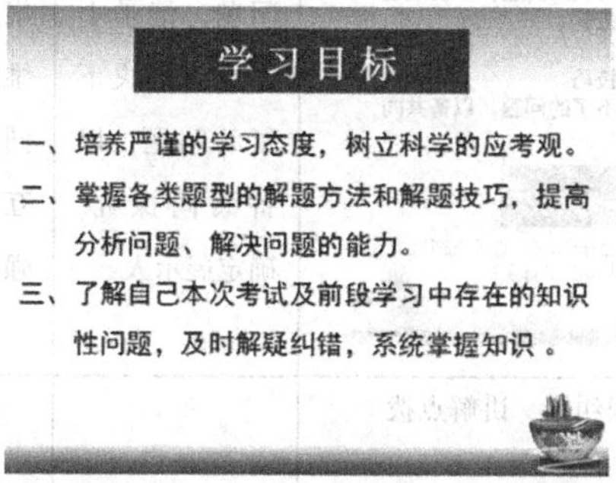 	明确本节课任务，以及学习目标重点难点	直接导入，明确目标、重难点，使学生学习有针对性
二、 成绩分析 （约2分钟）	出示各分数段情况，以表扬为主，表扬成绩优异的、进步的、书写工整的等	了解整体得分，恰当给自己定位，向优秀看齐	使学生在整体分析中恰当定位自己，促进学生见贤思齐，向优秀看齐
三、 自主纠错 （5分钟）	归纳总结答题中存在的问题，引导学生自主纠错。 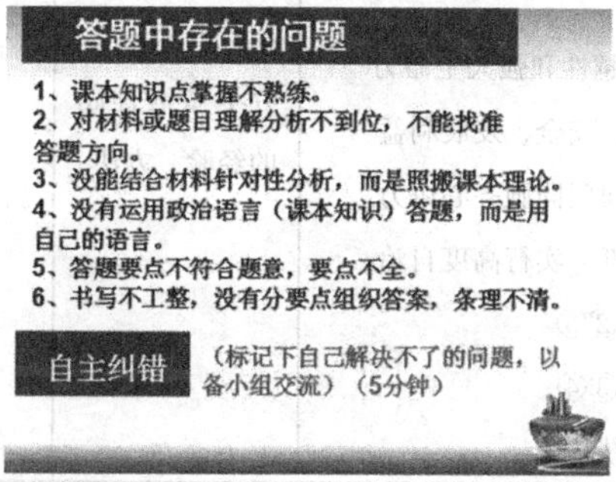 	结合教师总结的答题中存在的问题，自主纠错。（标记下自己解决不了的问题，以备小组交流）（5分钟）	在教师总结的答题中存在的问题的指引下，自主纠错过程中提升学生自主反思纠错能力

续表

四、 合作交流 （5 分钟）	教师引领学生 4 人小组合作交流，明确任务、时间及展示要求 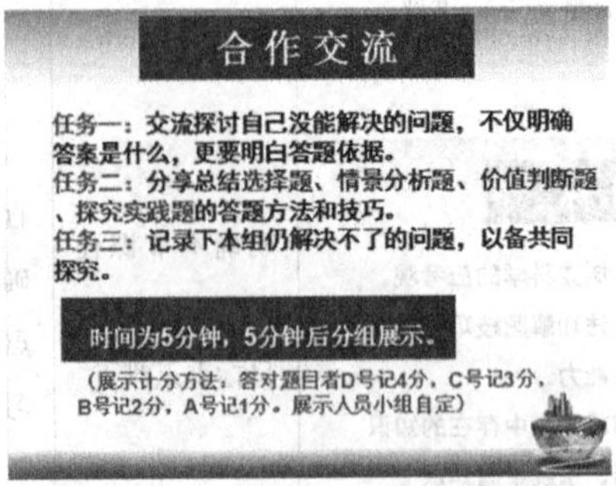 	4 人小组合作交流，探讨自己没能解决的问题，记录下本组仍解决不了的问题，以备共同探究。确定展示人	以小组合作方式学习，发挥集体的智慧，集思广益，思维的碰撞中共同提升。组内互助过程中增强团队凝聚力
五、 互助答疑 方法点拨 （26 分钟）	（一）选择题评析——查因纠错，讲解点拨 出错率较高的题目： 7. 澳门回归 20 年来，经济快速增长，民生持续改善，社会和谐稳定。本地生产总值从 1999 年的 518.7 亿澳门元增加至 2018 年的 4446.7 亿澳门元，人均地区生产总值已排在亚洲第一、世界第二，从幼儿园至高中实现 15 年免费教育，长者、婴幼儿、中小学生、孕妇纳入免费医疗，开创了历史上最好的发展局面。这主要得益于（　　） ①“一国两制”的巨大优越性和强大生命力 ②人民共同维护国家主权、安全、发展利益 ③伟大祖国是坚强后盾，澳门同胞齐心协力 ④澳门坚持了社会主义制度，实行高度自治 A. ①②④　　B. ①②③ C. ①③④　　D. ②③④ 多媒体展示选择题的答题技巧	分享做选择题的经验、方法	

续表

五、 互助答疑 方法点拨 （26 分钟）	（二）情景分析题评析——查因纠错，讲解点拨 汪勇，顺丰速运武汉分公司快递员。大年三十晚上，主动驾车义务接送医护人员上下班。“当时真的很害怕，两条腿抖了一天”。之后，他牵头建立医护服务群，带领志愿者司机团队义务接送医护人员上下班 7000 余次，保障医护人员日常出行；自行募集资金为医护人员提供泡面，落实 1.5 万份餐食持续供应，解决 7800 名医护人员及其他一线人员的供餐问题；给医护人员修眼镜、买拖鞋……在国内疫情形势最严峻的时刻，在疫情的风暴中心武汉，凡人汪勇毅然决然地走出第一步，从一名快递小哥成为医护人员的“大管家”。被国家邮政局授予“最美快递员”特别奖 为什么汪勇被授予“最美快递员”特别奖？ 优秀试卷展示 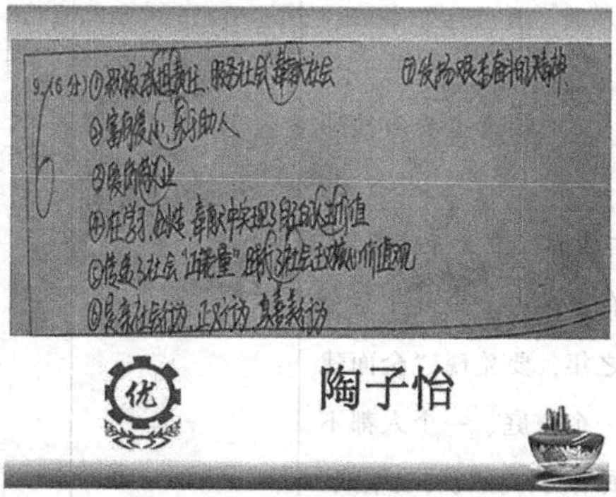 多媒体展示情景分析的答题技巧 （三）价值判断题评析——查因纠错，讲解点拨 13 题难度较大教师讲解为主： 13. 自 2016 年起，德州市开始推行义务教育学校校长、教师交流轮岗工作。 判断（　　）	小组展示讲解 9、10 题答案 分享做情景分析题的经验、办法 小组展示讲解 11~14 题答案	此环节的目的是在前两步自主纠错、小组互助解难的基础上，既展示自主、合作的学习成果，又能集全班智慧进一步分析题目、归纳掌握答题方法，以达到共同提升的效果。从不同的角度培养学生的能力：基础知识的理解运用能力、思维的拓展能力、答题的规范能力、行为习惯的养成等

续表

五、互助答疑方法点拨（26分钟）	理由： 利用知识链接突破：校长教师交流轮岗是加强农村学校、薄弱学校校长教师补充配备，是为了促进义务教育校际之间、城乡之间师资的交流，推动义务教育资源的均衡配置 多媒体展示价值判断题的答题技巧 价值判断题补充练习： 为坚决防止疫情向学校蔓延。各地教育部门按照国家统一要求。做好中小学“停课不停学”工作，通过直播、录播等形式实现“网上开学” 判断：________； 理由：________。 我国社会主义基本经济制度就是公有制为主体、多种所有制经济共同发展 判断：________； 理由：________。 （四）探究实践题 （1）（3）由学生讲解（2）较难主要由教师讲解 目前，中国疫情防控阻击战取得重大战略成果，经济社会发展工作稳步有序推进。2020年是全面建成小康社会的收官之年，要兑现“全面建成小康社会一个民族、一个家庭、一个人都不能少”的庄严承诺，必须坚决打赢脱贫攻坚战，这是全面建成小康社会的关键 【我分析】为什么说坚决打赢脱贫攻坚战是全面建成小康社会的关键？ 探究实践题补充练习： 改革是动力	分享做价值判断题的经验、办法	

续表

五、 互助答疑 方法点拨 （26分钟）	面对全球新一轮科技革命与产业变革的重大机遇和挑战，面对实现“两个一百年”奋斗目标的历史任务和要求，必须激发全社会的创新活力和创造潜能，营造大众创业、万众创新的良好环境，如果说大众创业、万众创新的潮流推动中国这艘大船行稳致远，那么改革就是推动创业、创新的重要动力 【我分析】为什么说改革是推动创业、创新的重要动力？	分享展示探究实践题的答题方法和技巧	
六、 积累收获 寄语未来 （5分钟）	通过今天的学习，我掌握的解题方法有＿＿＿＿＿＿＿＿＿＿ 今后的学习生活中，我会＿＿＿＿＿＿＿＿＿＿	学生谈收获	自主梳理所获，有利于培养学生反思的能力

第二节　自主与合作细节打磨在全校课堂落地

自主合作助力《故乡》的深层理解与教学

❖教材分析

《故乡》写于1921年，其中的故事情节和主要人物，大多取材于真正的现实生活，它深刻地概括了1921年前的30年内，特别是辛亥革命后十年间中国农村经济凋敝，农民生活日益贫困的历史，反映了那个时代的社会风貌。

人教版语文教材九年级上册第四单元选用了鲁迅先生这篇名著，并在单元要求中明确：学习这个单元，要学会梳理小说情节，试着从不同角度分析人物形象，并结合自己的生活体验，理解小说主旨。

阅读小说，欣赏名著，最重要的是读懂、读透，能比较好地体会作者在作品中的深意。鲁迅小说的内容博大精深，但文笔却质朴无华，语言精练且形象易懂，所以在文字疏通情节理解、技法学习上并不需花大力气，可是人物形象及文中所含哲理需细细品味。

一、重难点确定

文中三个人物："闰土""杨二嫂""我"，若说有差别就是"闰土"，这个人物在小学教材中已出现过，而且鲁迅在刻画这个人物时浓墨重彩，前后对比鲜明，所以把握起来还较容易。"杨二嫂"及"我"则是当时特定历史时期的产物，他们的性格成因相当复杂，且文中介绍不多。但能否准确掌握两个人物形象所蕴含的意义却与把握好主题有较大关系。鲁迅的小说内涵深刻，哲理丰富，在《故乡》中则主要体现在关于希望的阐述上。《故乡》中关于希望的阐述，是一段寓意深长的独白，是十九世纪二十年代一位心情沉重、感觉悲凉的成年知识分子，对前途对未来难以确知的希冀的表露。要恰当理解话中的含义，对教师来讲也需凝神一思，对学生来讲，就更不是件易事了。因此，我们确定本文的教学重难点为：分析人物形象，准确理解文中关于"希望"的含义。

二、重难点的突破

第一步：引导。"译书尚未成，惊闻殒星，中国何人领呐喊；先生已作古，痛忆旧雨，文坛从此感彷徨。"这副敬献鲁迅先生的挽联中，暗含先生的两部作品集《呐喊》和《彷徨》。深情导入，引发共鸣。

第二步：启发。我是怀着怎样的心情离开的？气闷，悲哀。悲哀从何而起？引出故乡的变化；气闷又从何而来？引出文中人物：闰土、杨二嫂。

第三步：分析。方法指导：跳读课文——圈点批注——小组合作——B 号展示。

第四步：本文深刻主题的揭示离不开立体丰满的人物刻画和对比手法的运用，接下来，请同学们妙笔生花试锋芒。

小组合作展示台

人　物		外貌	神态	语言	动作	性格
闰土	昔					
	今					
杨二嫂	昔					
	今					
写法						

分析闰土：外貌（勤劳），神态，语言。重点讲“老爷”和省略号：先是见到儿时的好友欢喜，转而想到自己悲苦的现状，封建等级观念，自卑自贱的情绪，内心矛盾犹豫痛苦的挣扎，最终的这一句“老爷”，埋葬了“我们”纯真的友谊，对“我”的打击之大，作者用了一个“厚障壁”，思想深处两人已经隔膜至深了。省略号，全文共28处，用于闰土描写的就有14处，三处为例分析，知道得多，生活经验丰富，说不完分享的快乐；不知道该说什么，从哪里说起；几十年的困苦磨难，多子，饥荒，战乱，兵匪官绅，随便拿一件出来就能说上一天一夜，一句话，面对老爷，该不该说，从哪里说起才能倒尽他内心的这一盆苦水，巨大的痛苦无奈终于吞吞吐吐地断断续续地挤出来这么一句也算成型的话语。闰土的选择：动作分析，拣香炉和烛台？（石像木偶不仅在神态，更是他思想迟钝麻木的生动比喻。）

勤劳善良的闰土经济生活的极度贫困和思想的迟钝麻木，在当时广大农村只是个例吗？

背景补充，视频播放：帝国主义，地主军阀双重压迫导致辛亥革命后的农村经济极度恶化，老百姓精神开始自我麻痹。那么，受到社会冲击的只有农民阶层吗？还有像杨二嫂一样的搞经营的小市民。由“圆规”入手分析杨二嫂。

总结：当时的社会让整个的农村市场陷入全面的凋敝。面对这样的生活，闰土选择了辛苦麻木，杨二嫂选择了辛苦恣睢，“我”呢，同学们齐声：辛苦辗转。悲哀之后，希望还在。

第五步：深化。分析到这里，学生们对整篇课文的内容已基本掌握和理解，现实是残酷的，我们憧憬未来，但未来是有希望的吗？希望又是什么呢？鲁迅说："我想：希望是本无所谓有，无所谓无的。这正如地上的路；其实地上本没有路，走的人多了，也便成了路。"这是一句比喻，把希望的存在比为"路的开创"，含义是希望的有无，取决于实践，光有美好的希望，不去努力奋斗，必然落空，等于没有希望；希望看上去遥远，实现起来困难重重，但只要努力奋斗，百折不挠地去干，去实践，希望终能实现。但这样的解释，对初中学生来讲仍显拗口难懂，我们不妨先撇开"抽象"的希望，而从"路"谈起。有行动，才有路，有实践，才有希望。希望来自奋斗，鲁迅先生要我们明白的就是这一点。

通过《故乡》的难点教育，学生们解决的不仅仅是对课文人物分析、主题把握问题，同时也要求学会求真探微的分析能力和学以致用的写作能力。另外，还要求学生尽可能多地了解鲁迅，让鲁迅精神内化成自身的力量。

《故乡》学情与方法

本文教学对象是初三的学生，他们具有一定的分析和理解能力，接受能力也是不错的。"闰土"这个人物在小学教材中出现过，而且鲁迅在刻画这个人物时浓墨重彩，学生印象深刻。但是作品所反映的时代与同学们的时代相去甚远，对于当时劳动人民所处的时代所面临的生存困境是不易理解的。虽然同学们是喜欢阅读小说的，喜欢小说中离奇的情节和个性鲜明的人物，但多数是停留在直观的感受上，还不习惯于深入分析作者写作的目的、写作的特点等。

因此在让学生掌握基础知识的前提下，教学方法的采用很关键。

1. 诵读法：整体感知一篇文章最有效的方法是诵读，且语言的语感培养离不开朗读与背诵，文章的感情是通过朗读才能真正体会出来的。指导学生反复朗读，以"读"贯穿始终，读的内容、读的方式，读的语气和情感都应在契合文本的前提下，读出自己的感悟，比如：对"……"的个性读，对文本人物的跳读，对中心句的男女分读，跳读，齐读等。尤其是"希望"部分，熟读成诵，从中体会课文所蕴含的思想感情。

2. 圈点批注法：找出人物描写的句子，从描写角度和特点做批注，为理解主旨做准备。

3. 合作探究法：以小组为单位讨论，培养学生的合作学习能力和深入思考问题的能力。

4. 点拨法：教师做出必要的指导与解释，可以语言文字，也可以视频资料。

每一种方法都不是独立的，只有在尊重学情的前提下，加以课堂的运用，才能发挥它作用的最大化。

《故乡》教学设计

❖**教学目标**：

知识目标：分析人物形象，理解本文主题思想。

能力目标：学习人物描写手法和对比的写作手法。

情感目标：珍爱新生活，树立为远大理想而奋斗的决心和信心。

❖**教学重点**：

1. 分析人物形象，理解本文主题思想。

2. 学习人物描写手法和对比的写作手法。

❖**教学难点**：

分析人物形象的基础上，深入理解本文主题思想。

❖**教学准备**：

多媒体课件

❖**教学过程**：

一、深情导入。“译书尚未成，惊闻殒星，中国何人领呐喊；先生已作古，痛忆旧雨，文坛从此感彷徨。”这副敬献鲁迅先生的挽联中，暗含先生的两部作品集。对《呐喊》和《彷徨》。今天，我们来继续学习选自《呐喊》的短篇小说《故乡》。

二、目标导航。目标导航有方向（出示目标，齐读），心中有目标，眼里有方向，出发！

三、**温故知新**。温故知新可以为师，在上节课的学习中，我们理清了文章的故事情节和线索，谁来说一下？两学生分别回答。

孩子们，“我”是怀着怎样的心情离开的？气闷，悲哀。请把所在原文句子读出来。那么，悲哀从何而起？根据学生回答，教师总结。记忆中的故乡：天空是深蓝的、圆月是金黄的，西瓜地是一望无垠的，如一幅油画般美丽而富有生机；眼前的故乡：天气是隐晦的，天空是苍黄的，村落是萧索而且还是横着的，没有一些活气，对比之中，悲从心生。那么，气闷又从何而来？一生答。根据学生回答，教师总结。闰土和杨二嫂，他们是鲁迅文学作品里刻画非常立体丰满的人物形象，请同学们，跳读文本，圈点批注，小组合作，B号展示。（幻灯片跳读文本——圈点批注——小组合作，B号展示）。

四、分析人物。

小组合作展示台

人物		外貌	神态	语言	动作	性格
闰土	昔					
	今					
杨二嫂	昔					
	今					
写法						

学生齐读最后议论句。解读“走”的含义，随机板书，揭示主旨。幸福都是奋斗出来的！

一、**想象写作**。本文深刻主题的揭示离不开立体丰满的人物刻画和对比手法的运用，接下来，请同学们妙笔生花试锋芒。写作展示。

二、**升华思想**。同学们的展示既提升了写作能力，也告慰先生：你在黑暗中摸索辗转，奋斗呐喊，无畏无惧的付出，终于迎来了新生活。幻灯片出示叶圣陶赞誉，补充鲁迅的杂文集散文诗集。推荐阅读。

三、精神传承。

师：让我们向伟大致敬；

让我们与经典同行；

让民族奋斗精神在我们这里传承。

男：我想：希望是本无所谓有，无所谓无的。

女：这正如地上的路；其实地上本没有路，走的人多了，也便成了路。

齐：幸福都是奋斗出来的！加油！

《故乡》课后反思

本文是一篇传统的教材篇目，也是鲁迅先生的代表作之一。如果教学中再走“介绍背景、分段、逐段分析、概括中心思想”的老路子，那就辜负了新课改教材选入此文的美意了。在教学中我做了以下尝试：

一、由心情入手，逆向而行。引导学生找出“我”离开故乡时的心情：“气闷”“悲哀”，以此为切入点，倒析全文，由景的变化过渡到对人的分析，引出闰土和杨二嫂。

二、加强作品与现实社会的链接，为作品注入时代的活力。鲁迅作品中改造国民性的思想，不仅仅作用于小说所属的年代，而应是永久性的。在教学中，我注意了作品与现实的链接，由作品中的“希望”到“幸福都是奋斗出来的”的内涵。教学中，引导学生联系身边生活，让学生换位思考读出个人的感悟，比如对“迅哥”这一称呼和省略号的添枝加叶的朗读，从而激发学生对新生活的热爱。这些教学环节使学生思维敏捷，情绪高涨，教学效果甚好。

三、注重培养学生的想象写作能力和语言表达能力。续写想象宏儿和水生成年后见面的情景，200字左右。让学生尽情想象，感受作品，感受生活，从而激发学生探索的热情。

四、视频背景播放恰到好处。选择在分析人物性格深层原因的时候播放，有助于学生对社会原因的理解和挖掘。

五、板书设计新颖。设计成拳头模样，象征奋斗产生希望。

自我感觉有待改进之处：由于对“我”这一人物的分析太过简单笼统，导致主题揭示略显突兀，学生对文本思想的理解深度还不够精准。

总之，作为新课改的实践者，我也坚信鲁迅先生之于“希望”的阐释，教改之路是靠千千万万的实践者走出来的。只要我们满怀信心地走下去，定会踏出一条光明之路来！

《相似三角形的性质》案例分析与反思

❖**背景导读**

相似三角形是几何中的重要模型之一，在中考中有关反比例函数、二次函数、圆、三角形、几何综合等问题中，都涉及相似三角形的应用。“相似三角形的性质”是《相似》的重要一节，是在学习完相似的定义及判定后，进一步研究相似三角形的特性。这些性质是解决有关相似三角形实际问题的关键所在。义务教育数学课程标准对本节的要求是了解相似三角形的性质定理：相似三角形对应线段之比等于相似比；面积比等于相似比的平方。但在具体学习时，学生往往对相似三角形的性质一知半解，知其然而不知其所以然，因此机械记忆，记混、记错。相似三角形的性质推导实际上是相似三角形判定的再延伸与应用，引导学生自主推导，不仅有利于学生了解相似三角形的性质，更将相似三角形的性质与判定统一在一起，培养了学生分析问题、解决问题的能力，这在中考中是非常重要的。本节课我主要用自主学习和小组合作的方式引导学生自主探究，培养学生的数学思维，从而让学生更好地了解相似三角形的性质。

❖**案例过程**

▶**教学目标：**

（一）知识与技能：能说出相似三角形的性质，并能运用相似三角形的性质计算有关角、边、周长和面积问题。

（二）数学思考：通过小组合作学习，能探索相似三角形一系列性质的证明过程。

（三）解决问题：学生通过实际情境的创设和解决，利用数形结合、转化、由一般到特殊等数学思想，逐步掌握把实际问题转化为数学问题，复杂问题转化为简单问题的思想方法。

（四）情感态度与价值观：学生在充分经历自学、探究、交流、当堂练习等活动中，获得成功的体验，调动主动学习的积极性，感受数学学习的乐趣。

▶教学重点、难点：

重点：相似三角形性质定理的应用。

难点：1. 相似三角形的探索，及数学思想的应用。

2. 相似三角形的应用。

▶教学方法与手段：

自主学习、小组合作学习、多媒体教学

▶教学过程：

一、【自主学习】（课前预习）

1. 如何判定两个三角形相似？我们学习了哪几种方法？

预习课本 37~38 页，回答以下问题。

2. 相似三角形中对应线段（高，中线，角平分线）之比与相似比（k）的关系，你能试着证明吗？

3. 相似三角形周长比与相似比（k）的关系，你能试着证明吗？

4. 相似三角形面积比与相似比（k）的关系，你能试着证明吗？

二、【情境设疑，引入新课】

隔壁老王有一块三角形的土地，如图所示：$\triangle ABC$，且 $DE/\!/BC$，$DE:BC=2:3$；由于年迈体弱，他决定把这块土地分给他的两个儿子，大王和小王。大王说："我要四边形 $DBCE$ 那块地，你就拿三角形 ADE 那块地吧。"小王则说："不行，你的四边形地比我的三角形地大。"大王又说："你既然说四边形地比小三角形地大，那你说大多少？"

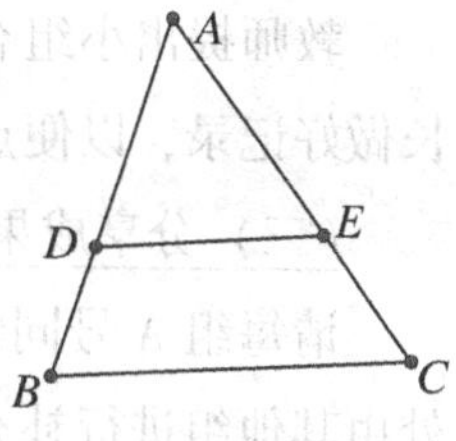

教师指定两名同学扮演大王、小王，分角色进行朗读，重现大王、小王的故事。教师继而抛出疑问：四边形的地会比小三角形的那块地大吗？如果大，那么大多少呢？

学生通过已有知识并不能解决上述问题，从而引出本节课所学内容：相似三角形的性质。

三、【实践交流，探索新知】

师：根据相似三角形的定义，相似三角形的对应边和对应角有什么特点呢？

生：相似三角形的对应角相等，对应边成比例。

师：三角形中，除了内角和边外，还有哪些几何量？

生：高、角平分线、中线、周长、面积等。

师：接下来，我们就来研究相似三角形中，这些量之间的比值与相似比的关系。

(一) 动手实践、自主思考：(思)

1. 做一做：分小组将课前准备好的正方形网格中两个相似三角形的各边、对应高线、对应中线、对应角平分线、周长进行测量和计算。

2. 想一想：你发现上面两个相似三角形的对应线段之比和相似比有什么关系？

3. 验一验：是不是任何两个相似三角形都有此关系呢？你能加以验证吗？

(二) 推理论证，小组合作：(议)

教师引导学生在充分独立思考的基础上，在小组内进行交流讨论。

教师提出小组合作要求：1. 组长控制好讨论节奏。2. 新生成问题组长做好记录，以便点评时提出。3. 准备展示合作学习的成果。

(三) 分享成果，小组展示：(展)

请每组 A 号同学上台展示讨论成果，并写出规范的证明过程。不足之处由其他组进行补充。也可提出问题，由展示小组解答。

(四) 巩固成果，小组互查：(固)

师：看来大家对刚才小老师的讲解，都理解得差不多了。下面请你也当一次小老师，把刚才的推理过程再给你的小组讲解一遍吧。

教师提出要求：D 号对应问题：相似三角形的高之比等于相似比的推理过程；C 号对应问题：相似三角形的中线之比等于相似比的推理过程；B 号对应问题：相似三角形的周长之比等于相似比的推理过程；A 号注意聆听，对 B/C/D 号出现的问题进行纠正，并对 B/C/D 号仍不能理解的问题进行二次讲解。

在学生对推理过程得到充分的理解后，教师引导学生归纳得出：相似三角形的对应高之比等于相似比；相似三角形的对应中线之比等于相似比；相似三角形的对应角平分线之比等于相似比；相似三角形的对应周长之比等于相似比。一般地，相似三角形对应线段的比等于相似比。

（五）再接再厉，拓展延伸：（拓）

类比刚才的推理过程，相似三角形的面积比与相似比有什么关系？

学生自主思考，并上台讲解释疑。

最后归纳结论：相似三角形面积之比等于相似比的平方。

四、【综合应用，解决问题】

例：已知：如图，$DE/\!/BC$，$AB=30\text{m}$，$BD=18\text{m}$，$\triangle ABC$ 的周长为 80m，面积为 100m^2，求$\triangle ADE$的周长和面积？

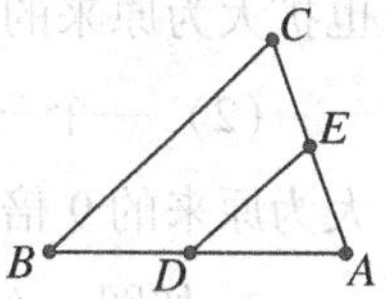

解析：$\because DE/\!/BC$

$\therefore \triangle ADE \backsim \triangle ABC$

$$\therefore \frac{\triangle_{ADE}\text{周长}}{\triangle_{ABC}\text{周长}}=\frac{AD}{AB}=\frac{30-18}{30}=\frac{2}{5}$$

$$\therefore \triangle ADE\text{周长}=\frac{2}{5}\times 80=32$$

$$\text{又}\because \frac{S_{\triangle ADE}}{S_{\triangle ABC}}=\left(\frac{AD}{AB}\right)^2=\left(\frac{30-18}{30}\right)^2=\frac{4}{25}$$

$$\therefore S_{\triangle ADE}=\frac{4}{25}S_{\triangle ABC}=\frac{4}{25}\times 100=16$$

例题变式：

师：现在我们回到本节课开始时，大王、小王的问题，你认为这样分地公平吗？如果不公平，大王和小王的地谁的大，大多少呢？

解：$\because DE/\!/BC$

$\therefore \triangle ADE \backsim \triangle ABC$

$$\therefore \frac{S\triangle_{ADE}}{S_{\triangle ABC}}=\left(\frac{DE}{BC}\right)^2=\left(\frac{2}{3}\right)^2=\frac{4}{9}\quad \therefore S_{\triangle ADE}=\frac{4}{9}S_{\triangle ABC}\quad S_{\text{四边形}DBCE}=\frac{5}{9}S_{\triangle ABC}$$

所以四边形的地比三角形的那块地大，大了$\frac{1}{9}S_{\triangle ABC}$

例题再变：

师：如果你是老王，怎样分才能使分地公平呢？

此题难度较大，由小组讨论交流，最后由 B/C/D 号抢答。

五、【回顾反思，畅谈心得】

本节课你有何收获？

1. 这节课我们学到了哪些知识？

2. 我们是用哪些方法获得这些知识的？

六、【当堂检测】

1. 判断题（正确的画“√”，错误的画“×”）

（1）一个三角形的各边长扩大为原来的 5 倍，这个三角形的角平分线也扩大为原来的 5 倍；（　　）

（2）一个三角形的各边长扩大为原来的 9 倍，这个三角形的面积也扩大为原来的 9 倍．（　　）

2. 如图，$\triangle ABC$ 与$\triangle A'B'C'$相似，AD，BE 是$\triangle ABC$ 的高，$A'D'$，$B'E'$ 是$\triangle A'B'C'$的高，求证$\frac{AD}{A'D'}=\frac{BE}{B'E'}$.

证明：$\because \triangle ABC\backsim\triangle A'B'C'$，且 AD，$A'D'$是对应边 BC 与 $B'C'$上的两条高.

$\therefore \frac{AD}{A'D'}=\frac{AB}{A'B'}$

同理，$\frac{BE}{B'E'}=\frac{AB}{A'B'}$

$\therefore \frac{AD}{A'D'}=\frac{BE}{B'E'}$

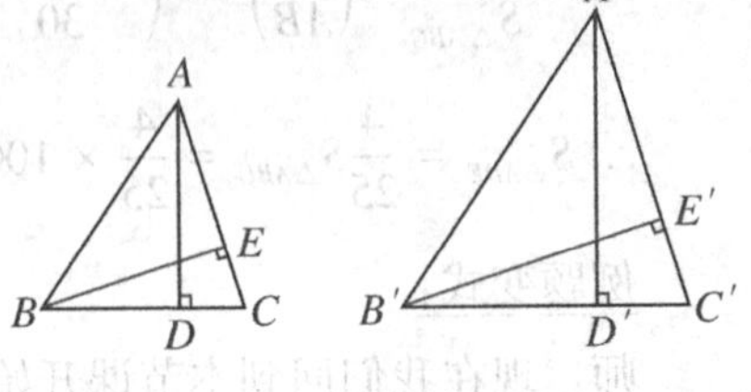

3. 在一张复印出来的纸上，一个三角形的一条边由原图中的 2cm 变成了 6cm，放缩比例是多少？这个三角形的面积发生了怎样的变化．

解：放缩比例是 6∶2=3∶1，即放大到原来的 3 倍；面积比是 9∶1，即面积扩大到原来的 9 倍。

本环节中，A/D 号互阅，B/C 号互阅，然后一对一进行讲解，查漏补缺。

七、【布置作业】

1. 课本习题必做题1、2题，选做题第3题。

2. 想一想校园内的旗杆高度怎样测量?

❖教学反思

1. 运用自主学习和小组合作探究突破重难点

在课前自主预习环节中，通过创设题目，引导学生复习相似三角形的五种判定方法，为证明相似三角形的性质做好准备，同时引导学生自学相似三角形对应线段之比、周长比、面积比与相似比的关系，并尝试证明，为下一环节的小组合作探究做准备。通过本环节的自主学习，学生对相似三角形的性质已有初步感知，但对其判定方法仍存在一定的疑问，从而激发学生求知欲，自然而然地展开本节课的教学。

在探究相似三角形的性质时，借助正方形网格画出符合条件的相似三角形，进一步测量其边长、高、中线、角平分线、周长并计算，让学生的感知得到印证。通过对性质定理的学习和探索，注重知识的形成过程，使学生体验由特殊到一般的认知规律，以及由观察——猜想——论证——归纳的思维过程。自主学习，合作探究贯穿整个教学过程。学生首先利用网格图形自主探究，得出“相似三角形的线段之比等于相似比”的猜想，但在自主推理的过程中存在疑惑和问题，此时教师安排小组合作，展示自己的思考过程，并提出疑问。接着，小组展示，板演规范过程，并解决小组合作仍不能解决的问题。推理完成后，利用小组互查，巩固推理过程。最后，在拓展延伸这个环节，学生再次对推理过程进行巩固并提高。整个过程中，学生利用自主学习和小组合作思、议、展、固、拓，充分理解并巩固了所学知识，从而突破难点。

在综合运用环节中，通过不断将习题进行变式，不仅达到巩固知识的目的，而且实现了将知识向能力的转化。通过大王、小王的问题，学生掌握了将实际问题转化为数学问题的思想方法，感知数学知识在生活中的广泛应用。由问题的解决到例题，再经例题加以拓展延伸，使本节课内容衔接更趋自然，同时使学生体会类比数学思想以及图形之间的互相联系。

2. 在小组合作中培养不同层次学生的综合能力

学习金字塔告诉我们，“教授给他人”是最高效的学习模式，因此在本节课的小组合作中，引导不同层次的学生开口讲题。相似三角形的推导证明难度较大，因此应引导A层次学生上台板演讲解此题，培养他们的对问题的探索精神和自信心。在巩固环节，可要求B/C/D号分别讲解，通过讲题加深理解所学知识的同时，提高学生的数学逻辑思维能力。在综合运用中，应将展示的机会留给B/C/D号，增强他们对数学学习的信心。在最后的当堂达标环节，学生互讲互阅，人人都是小老师，人人都能开口讲题。总之，在小组合作中不仅巩固了所学知识，也培养了学生的合作意识、倾听能力和表达能力。

初中英语自主学习和小组合作教学活动案例

——七年级上册 Module5 Unit1 I love history.

❖教学目标

知识目标：

1. 重点单词：

half, past, o'clock, art, geography, history, maths, lesson, then, like, difficult, love, subject because, interesting, talk, begin, when

2. 重点短语：

go to school, get up, have breakfast, have lunch, go home, have dinner, go to bed, go to sleep

3. 重点句子：

1) I love history.

2) It's twelve o'clock.

3) We have Chinese at eight o'clock.

4) We don't have maths.

5) —Do you like maths?

—Yes, I do.

语言技能目标：

能用一般现在时的各种形式描述自己的日常生活。

情感态度：

让学生在接近生活常态的交流中乐于模仿、敢于开口、积极参与、共同合作。

❖ **教学重难点**

1. 时间的表达方式。

2. 用在时间前的介词（at，in，on）的用法。

3. 一般现在时的陈述句形式（主语为 I，they，we，you）。

❖ **教具**

多媒体课件、钟表模型

❖ **教学过程**

Step1　Lead-in 导入

教师用钟表模型拨出几个不同的时间，先从 o'clock 开始，拨出一个时间后询问“what's the time?”，引导学生用“It's...”来回答。然后依次是 half past，past 和 to。随意拨出一个时间，让学生用英语说出来。在黑板上板书几个不同的时间，让学生小组内讨论 1 分钟，然后提问 B、C、D 号同学，看是否学会时间表达，对于出错的地方，集体纠错，加强记忆。

Step2　New words 生词

课件出示图片，引入新单词，强化读音和拼写，尤其是与科目相关的生词，齐读 3~5 遍，指 2~3 名学生领读。教给学生通过划分音节来记单词的方法，像本课的 geography 可以划分成 geo/gra/phy 三个音节，音形结合，降低记忆难度。

给学生留 3 分钟，小组内背诵提问生词，D 号同学只需要识记 8 个科目单词。然后教师抽查提问，根据检查情况给 A、B、C、D 号同学分别加 0.5 分、1 分、1.5 分、2 分。对于没有完成任务的同学本节课不扣分，下节课之前再背不会扣 2 分，跟踪检查，直到背会为止。

Step3　Listen and read 听读

1. 听第一遍录音，写出 Betty 和 Tony 最喜欢的科目。Elicit and write their ideas under Betty and Tony's names on the board. Then only listen once to find the answers. 听完后提问，看学生是否听出了 history 和 Chinese 两个单

词以及是否记住了他们的拼写形式。让学生默读一遍对话原文，寻找答案。

2. 播放第二遍录音，学生听并跟读，注意语音语调。

3. 根据对话内容找出正确的句子，全班订正答案。

4. 分角色朗读对话，第一遍全班男生和女生读，第二遍同桌两人读并交换角色，volunteers 展示，选出最佳的一组。

Step4 Practice **练习**

教师在黑板上画一个时间表，填上科目和时间。Work in pairs. Talk about your lessons.

A：What time/When is your art/Chinese/English/history/maths/science lesson?

B：I have art/Chinese/English/history/maths/science at eight o'clock/in the morning/on Monday.

A：Do you like art?

B：Yes，I do. What about you?

反复操练重点句型 I/We have+科目 at/in/on. 和 I/We don't have+科目，在操练句型的同时，复习巩固时间的表达方式以及时间前的介词（at，in，on）的用法。

Step5 Extension **拓展**

1. 教师课件出示自己的几张日常活动的照片，get up/have breakfast/go to school/start work 等，引出句子 I get up at half past six in the morning. I have breakfast at seven o'clock. 引导学生说出 I go to school at… I have maths/English at…

2. 小组活动。小组内讨论自己的日常生活，用一般现在时的句子表达出来，3 至 4 句话，每个组员积极发表意见，最后组内推选一名同学展示，选出“最佳口语奖”和“最具创意奖”加分奖励，CD 号同学进行展示的，加倍奖励。

Step6 Homework **作业**

背诵本课对话，可以根据译文背，D 号同学背会重点句型即可。

❖教学反思

小组合作学习虽然表面上活跃了课堂气氛，但对教师的课堂掌控提出了更高的要求，建立科学的评价机制是小组学习取得成功的保障，教师要采用多种评价方式进行评价，这节课我的评价方式太单一，时间久了，学生会失去兴趣，所以需要改进。

要把握好合作的度，每节课合作的数量不宜太多，时间也不宜太长。本节课学困生在小组合作学习中参与度太低，而且由于时间关系，有的小组没有进行展示，没有实现每个学生获得最大限度的发展。今后我需要改进合作学习的内容和评价方式，激发每一个学生的学习热情，挖掘个体学习潜能，让学生在积极交往中学会合作，在成功体验中享受学习。

在自主学习与合作探究中把抽象问题情景化

——“液体压强”案例分析与反思

❖教材导读

本单元内容是在前面力的知识的基础上展开的，学习时需用到力的三要素、力的作用效果、力的合成、重力、密度、比值法定义物理量等重要知识。所以，本章知识也是初中力学知识的延续与综合，学习这些知识对日常生活、生产技术和科学研究有着重要的现实意义。本章知识较抽象，学生感性经验少，所以应加强实验，如探究液体的压强，了解大气压强，流体压强与流速的关系，让学生在自我探究过程中培养创造性思维的能力，激发学生的探究意识，引领学生以积极的心态参与研究性学习，使学生尽可能多的获得更多的感性知识，培养学生的抽象思维能力，综合应用知识分析解决问题的能力。

❖案例过程

（一）课前准备：学生分组，明确组长

激情导入：

教师：明确小组加分细则，以信仰的颜色——中国红为切入点，奖励红旗奖章。

【设计意图：学生明确加分细则，树立为组争光、为信念而战的学习信心。】

教师：展示手工作品——中国自主研发的万米载人潜水器“奋斗者”号，并播放“奋斗者”号万米深潜、见证历史的超燃视频。

中国万米载人潜水器“奋斗者”号

教师：介绍中国在载人深潜方面的非凡成就，提出问题：载人深潜到底难在何处？由此导入新课“液体的压强”。

【设计意图：学生观看视频，调动学生的学习兴趣，增强学生的民族自豪感。】

（二）体会液体压强的存在

教师提出问题：①放在桌面上的水瓶对桌面有压强吗？

②水瓶中的水对水瓶底部有压强吗？

学生：学生回顾上节课学习的固体压强知识，回答问题：水瓶是否有压强；水瓶中的水是否有压强，学生表明自己的观点。

【设计意图：温故而知新，新旧知识相结合，提高学生利用所学知识解决问题的能力。】

教师演示实验一：展示提前准备好的水瓶，水瓶底部换成了更容易形变的橡皮膜。让学生观察并引导他们回答橡皮膜的形状。随后往瓶中加水，再次让学生观察并引导他们回答橡皮膜的形状变化。进而得出：液体由于受到重力的作用，所以向下有压强。

学生：观察橡皮膜现象，在教师引导下体会液体向下有压强。

教师演示实验二：在装满水（加了红墨水，以便观察）的水瓶上扎几个孔，让学生观察并引导学生回答所见所想，进而得出：液体具有流动性，所以对容器壁有压强。

学生：观察现象，并根据水喷出的现象，体会到液体对侧壁有压强，并及时做笔记。

师生小结：液体向各个方向都有压强。

【设计意图：培养学生的大胆参与意识。引导学生正确观察现象，并培养逻辑思维和表达能力。】

教师出示：课堂生成作业一：设计分层作业，本题为分层 A 基础题，利用课件出示。

学生：独立完成练习。

【设计意图：及时巩固知识点。】

（三）液体压强的特点

（1）测量仪器

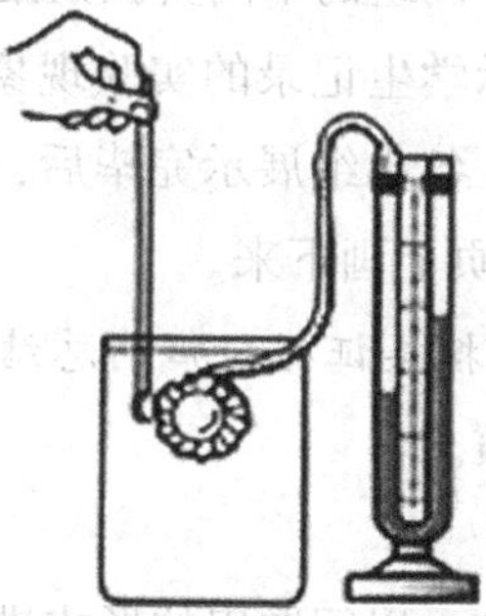

教师：介绍压强计的构造及使用：通过 U 形管液面的高度差反映液体压强的大小。

学生：观察 U 形管的液面及变化，学习使用压强计。

提出问题：此处用到了什么物理研究方法？

学生：思考并回答：转换法。

教师：（2）提出问题：液体压强的大小与什么因素有关？

（3）作出猜想：液体压强的大小与________有关。

学生：根据演示实验二中水喷出的速度及距离，结合生活经验，大胆说猜想。

【设计意图：培养学生的发散思维。】

（4）设计实验：

思考：①采用什么样的实验方法？

学生：控制变量法。

教师：②如何设计实验探究液体压强的特点？

【实践操作】

教师：传授小组合作秘籍：①叽叽喳喳法 ②主持会议法 ③各司其职法

首先，叽叽喳喳定步骤：结合实验方法，组内讨论，我们应该按照怎样的步骤来完成实验？然后，主持会议享成果：分享实验步骤。

（5）进行实验：

各司其职明分工：教师巡视，指导学生顺利地完成实验。

（6）分析论证：

通过巡回指导，搜集不同组的不同实验数据。

使用实物投影设备展示学生记录的实验现象，鼓励学生上台展示，让学生表述自己小组的结论。各小组展示完毕后，师生汇总，课件出示实验结论，提醒学生在课本 34 页上画下来。

【设计意图：培养学生搜集证据、归纳总结并通过现象看本质的能力及学生汇报探究成果的习惯。】

（四）液体压强的大小

利用模型法，师生合作，以问题串的形式进行液体压强公式的推导。

（1）计算固体压强的公式是什么？

（2）长方体水柱对支持它的水平液面的压力等于什么？

（3）重力如何计算？

（4）质量如何计算？

（5）长方体的体积如何计算？

学生：思考并回答教师提出的问题，层层递进，完成公式的推导。

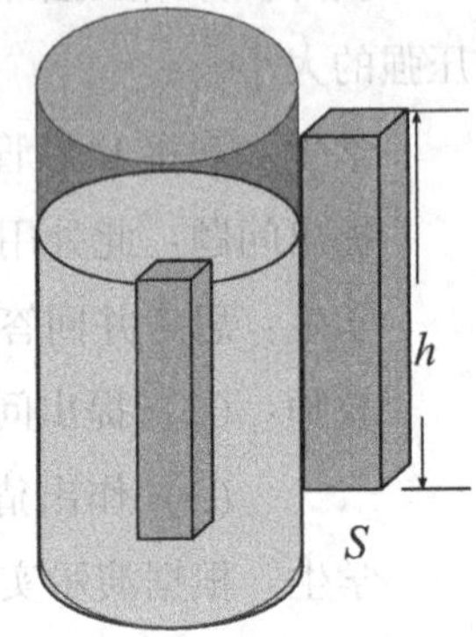

$p=\frac{F}{S}=\frac{G}{S}=\frac{mg}{S}=\frac{\rho Vg}{S}=\frac{\rho Shg}{S}=\rho gh$，学生在课本 35 页，对液体压强大小的公式做重点标记。

【设计意图：利用理想模型，学生便可以更好地去理解本节公式的推导，有利于突破本节难点。】

教师出示：课堂生成作业二：设计分层作业，本题为分层 B 中等题，计算“奋斗者”号下潜到 10909m 时受到的海水的压强。

完成后，利用实物投影展示学生做题过程。

学生：学生集体点评，火眼金睛找问题，规范计算题的格式。

教师小结：根据计算结果，强调万米深潜对科技力量、制造能力的要求，再次强调国家科技的飞速进步。

【设计意图：再次强化民族的自豪感。培养学生利用所学知识解决实际问题的能力，与开头相呼应。】

（五）连通器

教师：课件出示自学提示：

(1) 什么是连通器？

(2) 连通器有什么特点？

(3) 生活中常见的连通器有哪些？

学生：学生根据要求，完成自学任务。

反馈自学的成果。明确连通器的概念、特点及常见的应用，如茶壶、下水弯管、水位计……

拓展延伸：你知道世界上最大的人造连通器是什么吗？

学生回答问题：三峡船闸。

教师：利用模型，演示船闸的工作原理。

学生：看演示，感兴趣的学生上台实际操作。

教师：课件出示。课堂生成作业三：设计分层作业，本题为分层 A 基础题。

学生：完成练习。

【设计意图：培养学生的自主学习能力，使学生可以更好地理解连通器；及时巩固，点点清、步步清。】

（六）根据板书，让学生总结本节课的收获

教师：你还有什么疑惑？

学生：学生以抢答形式畅谈本节课的收获，互相补充，答疑解惑。

教师：表彰本节课的优胜小组。教师鼓励：同学们用行动诠释了建党一百周年时火爆全网的话语：请党放心，强国有我。

优胜小组组员全体起立，接受全体学生的掌声。

【设计意图：培养总结归纳能力。情感升华，培养学生的自豪感、荣誉感。】

（七）实践作业

教师：课件出示图片，教师解读。

学生：用心听。

教师：中国牛，可上九天揽月，可下五洋捉鳖，但这些进步和发展离不开另外一个和液体压强有关系的国之重器——液压机。

播放最大吨位中国液压机视频。

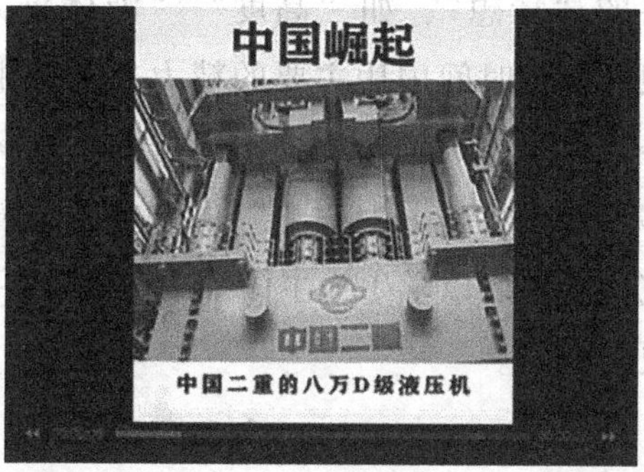

学生：观看视频明确实践作业的内容。了解参考资料。

课后主题实践作业：小组合作，收集资料和器材，自制简易液压机。

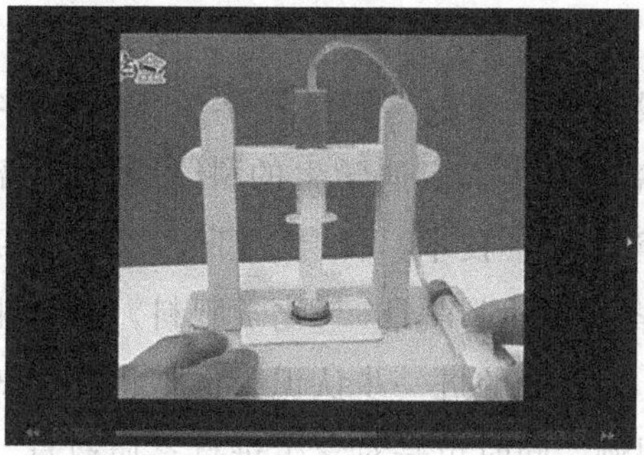

教师：在本节课，我们不光学习了液体压强的知识，更见证了中国科技的力量！国之重器，点燃民族自豪感。

学生：感受来自教师的鼓励，时时刻刻以知识的力量武装自己，学好本领、报效国家。

【设计意图：响应国家“双减政策”和“五项规定”，减少书面作业，重在培养学生的合作及动手能力。让学生了解国之重器，能为中华民族的科技成就感到自豪，增强振兴中华的责任感和使命感！】

❖教学反思

本节课的重点是实验探究，在实验探究中猜想是一种超前思维，具有一定的随意性，它的结果是否正确需要通过实验的验证才能确定。在学生对“液体内部压强的大小与哪些因素有关？”提出猜想之后，决定采用“控制变量法”来研究。这时应该引导学生利用实验来排除那些可有可无或无关紧要的“猜想”，如“高度”“液体重力”“容器形状”等，让学生在有限的课堂时间内用主要的精力来探究主要的因素。在实验中让学生亲自经历科学探究的过程，不但可以学到科学知识，练习操作技能，而且能够进一步唤起学生“学”的兴趣，培养学生的实践能力和创新意识。探究实验主要以学生为主体，同时教师要加以适当的引导，才能使探究实验更为有效。

如何在自主学习和合作探究中有效渗透学科核心素养

——《化学肥料》案例分析与反思

❖背景导读

义务教育阶段的化学教育，要激发学生学习化学的好奇心，引导学生体验科学探究的过程，启迪学生的科学思维，培养学生的实践能力；引导学生了解化学、技术、社会、环境之间的相互关系，理解科学的本质，提高学生的科学素养。《化学肥料》是学生学习了酸碱盐之后要学习的内容，是对盐的进一步认识，也是将化学知识应用到农业生产中的一个典型课例，同时也是对学生进行素质教育、爱国主义教育的很好的素材。2021 版新课程标准对本节课的要求为知道一些常用化肥的名称和作用，探究铵态氮肥的检验，这也是本节课的重点和难点，从知识层面来说本节内容较简单，重在培养学生的自学能力和运用所学知识解决实际问题的能力，因此本节课应主要采用自主学习和小组合作探究的方式进行教学。

❖案例过程

一、认识化学肥料

青少年正是长身体的时候，学校采取配餐的形式，荤素搭配营养合理，同学们通过食物获取我们身体所需要的营养物质，那么植物需不需要“食物”呢？教师通过课件展示绿油油的冬小麦图片、叶片发黄的大豆以及倒伏的玉米，提出问题：植物生长需要哪些物质？

生：水分、化肥。

师：那常见的化肥有哪些？

生：史丹利、施可丰、沃夫特。

师：看来同学们对化肥还是比较熟悉的，那么你们说的这些属于什么肥料呢？常见化肥的主要成分有哪些呢？下面我们就来学习一下，自学课本 80~81 页的内容，独立完成导学案。

1. 最主要的三种化肥是________、________、________。

2. 化学的成分及作用

化肥成分	从化学式上分辨种类	主要作用
尿素（　　　　） 氨水（　　　　） 碳酸氢铵（　　　　） 氯化铵（　　　　） 硝酸钠（　　　　） ……	属于____肥，因为它们只含有氮磷钾中的____元素	促进叶绿素形成，能使植物________
磷矿粉［$Ca_3(PO_4)_2$］ 过磷酸钙 ［$Ca(H_2PO_4)_2$］ ……	属于____肥，因为它们只含有氮磷钾中的____元素	增强作物______、______能力
硫酸钾（K_2SO_4） 氯化钾（KCl）……	属于____肥，因为它们只含有氮磷钾中的____元素	增强作物______和______能力
硝酸钾（KNO_3） 磷酸二氢铵（$NH_4H_2PO_4$） ……	属于____肥，因为它们含有氮磷钾元素中的________元素	同时供给作物几种养分，充分发挥各种营养元素的作用，有效成分高

学生汇报自学成果，投影展示植物缺少不同营养素的图片，学生判断所缺元素，解决实际问题。

师：任何事物都有利有弊，我们应该一分为二地看待问题，小组讨论，谈谈你们组对化肥弊端的认识。

欣怡组：我们觉得化肥使用多了会造成土壤污染。

超越组：我们觉得化肥流到河里会污染水源，伤害水生生物。

朝阳组：我们觉得有的化肥会挥发，污染大气。

师：同学们说的都很对，化肥对提高农产品的产量有重要作用，同时也会带来环境问题，农药也是一样，因此种植作物的过程中我们可以提醒我们的父母要合理使用化肥和农药，提高它们的利用率，并注意减少污染。

【设计意图：本环节的设置旨在培养学生自主学习和合作学习的能力，并使学生通过了解化肥对作物生长所起的重要作用意识到在我国人口多耕地少的前提下提高作物产量的重要性，树立学生的爱国情怀。通过辩论化肥的利与弊，培养学生的辩证思维，树立主人翁意识，提高社会责任感，渗透科学精神与社会责任的核心素养。】

二、鉴别化学肥料

实验用品：碳酸氢铵、氯化铵、硫酸钾、磷矿粉、熟石灰、蒸馏水、研钵、药匙、烧杯、玻璃棒

师：通过自学同学们知道了化肥在农业生产中的广泛应用，我们在座的各位将来也可能会从事农业方面的工作，像敬爱的袁爷爷一样伟大，那么我们怎样鉴别常见的化学肥料呢？给大家准备了实验用品，小组讨论，给出你们的实验方案（5 分钟）。

提示：碳酸氢铵易分解，有刺激性气味；磷肥不易溶于水；铵态氮肥与碱混合会生成有刺激性气味的氨气。

涵宇组：我们组觉得可以先通过外观判断出磷肥。

师：怎么判断？

涵宇组：磷肥为灰白色，其他为白色。

师：很好，还有没有别的方法？

子涵组：我们组觉得可以通过溶解性判断，因为通过提示我们知道磷肥不易溶于水，氮肥和钾肥均可溶。

师：好，想法很好，用到了我们提示的信息，那么怎么鉴别其他肥料呢？

欣怡组：可以通过闻气味鉴别出碳酸氢铵，提示给出碳酸氢铵易分解，有刺激性气味。

师：那接下来怎么鉴别氯化铵和硫酸钾呢？

莫寒组：根据提示铵态氮肥可以与碱反应，我们觉得可以将另外两种肥料都与熟石灰混合，有味的是氯化铵，无味的是硫酸钾。

师：同学们的思路很清晰，表述也很明白，下面我们把化肥鉴别的步骤总结一下：第一步看外观；第二步闻气味；第三步加碱性物质研磨，下面开始分组实验。

学生根据实验现象鉴别出药品，并贴上标签。

师：通过实验同学们思考一下施用铵态氮肥时要注意什么？如何减少环境污染，提高化肥利用率？

子涵组：铵态氮肥不能与碱一块儿施用。

朝阳组：碳酸氢铵施用时要用土掩埋。

师：同学们考虑得很全面，我们周围还存在哪些化肥和农药的滥用现象，对我们的环境造成了哪些影响，对农民伯伯施用化肥和农药你还有哪些建议，针对这一问题同学们分组进行社会调查，完成调查报告，下课！

【设计意图：化肥的简易鉴别比较简单，通过让学生自主探究化肥的鉴别方法，激发学生对科学的兴趣，提高学生学习化学的成就感。在实验过程中，学生能积极主动地获取化学知识，培养了学生的创新精神和实践能力，有效地渗透了科学探究和创新意识的核心素养。】

❖教学反思

化学肥料在农业上使用非常广泛，对于学生来说也比较熟悉，如果仅靠教师照本宣科地讲解很难调动学生的积极性，在本节课的学习中如何充分发挥学生的自主意识、提高学生学习化学的兴趣尤为重要，所以本节课主要采用了自主学习和合作探究的形式，从学生身边入手，通过生活实例使学生深刻体会到化学来源于生活、服务于生活。我国是一个农业大国，关于“农村、农业、农民”的“三农”问题，国家一直非常重视，通过本节课的学习培养学生的爱国情怀、树立良好的社会责任感。

联系实际渗透科学精神与社会责任。从学生身边的事物出发，紧密联系生产、生活实际，通过学生自主学习、合作交流了解常见的化学肥料，掌握其主要成分及作用，并通过图片的形式使学生犹如身临其境，感受化学就在身边。通过辩证思维认识到事物都具有两面性——化肥的利与弊，渗透学生的环保意识和可持续发展绿色化学观念，体现了“从生活走向化学，从化学走向社会”的教学理念。

运用小组合作探究培养学生科学探究与创新意识。初步认识化学肥料后教师给出实验用品，由学生自主鉴别常见的几种化肥。学生通过自主学习观察、小组合作交流，根据不同化肥所具有的不同的性质给出切实可行的实验方案。整个过程中学生的手、眼、嘴、脑全部动用了起来，使学生主动参与到教学过程中来，能从问题和假设出发，确定探究目的，设计实验方案，进行实验探究，在探究中学会小组合作，从而极大地提高了学生的学习兴趣，发展了学生的信息提取、实验探究以及知识的运用等多方面的能力，很好地突破了本节课的重难点。从课堂教学的实践来看，学生学习的积极性比较高，课堂教学目标达成较好。

道德与法治学科德育渗透教案

《天下兴亡 匹夫有责》教学设计

第十课　建设美好祖国　　第 2 课时　天下兴亡 匹夫有责

❖ 教学目标

知识目标：知道国家所取得的成就离不开广大人民的劳动；懂得把中国梦变成现实，创造未来的美好生活，需要每个人在自己的工作岗位上付出更多的辛勤和汗水。

能力目标：通过搜集材料和辩论，提高学生归纳概括的能力和分析问题的能力。

情感态度与价值观目标：端正对劳动及劳动者的正确认识，尊敬和学习国家的建设者，树立为实现中国梦而努力学习的情感目标。

❖**教学重难点**

教学重点：尊重和学习国家的建设者。

教学难点：实干才能创造未来。

❖**教学过程**

一、创设情境 导入新课

（展示教材 P107“运用你的经验”）

想一想：你的观点是什么呢？（学生从不同的角度阐述）

教师总结：天下兴亡，匹夫有责。国家发展是每个人的事，我们中学生也应关注国家发展，为国家发展贡献自己的力量。

二、自主学习 合作探究

目标导学一：劳动成就今天

活动一：感受劳动成果

（展示下列图片）

1. 想一想：这些图片展示了我国哪些成就？

提示：G20 杭州峰会，促进世界经济可持续发展；有六个世界之最的港珠澳跨海大桥；神舟十一号的成功发射标志着中国载人航天工程进入应用阶段，意味着中国已经拥有空间交会对接技术；里约奥运会，中国得了金牌榜第三名。

2. 思考：这些成就是谁通过什么方式创造出来的？

提示：我们国家所取得的每一项成就，都是广大人民用辛勤劳动、诚实劳动、创造性劳动换来的。

目标导学二：尊敬和学习国家建设者

活动二：劳动者的身影

（展示教材 P108“探究与分享”与下列图片）

1. 思考：他们为什么令我们感动？

提示：每个人所处的岗位不同，从事不同的劳动，但都是在为国家和社会作出贡献。正是无数劳动者兢兢业业、艰苦奋斗、无私奉献，才成就了我们今天的美好生活。

2. 思考：你还能说出身边令你感动的劳动者吗？与同学分享典型事迹。（先分小组交流劳动者的事迹，最后小组代表发言，在全班交流劳动者的几个典型事迹）

提示：2016 年感动中国人物：为中国航天事业做出突出贡献的科学家孙家栋，在大山深处教书育人 36 年的支月英，耶鲁大学毕业后回国扎根农村的秦玥飞，在平凡岗位上创造非凡业绩的电焊工李万君，焦裕禄式的好干部阿布列林·阿不列孜，量子通信的领跑者潘建伟等。简述其中几个人物的事迹。

3. 思考：说说你学习了先进人物事迹后的感想。

教师总结：无论是脑力劳动者还是体力劳动者，都是国家的建设者，都值得我们尊敬和学习。

目标导学三：实干创造未来

活动三：实干实现中国梦

（展示2016年度感动中国人物李万君事迹简介——“精益求精的工匠精神”）

“把技术提升到极致，把每件产品都当成是艺术品，我认为这就是工匠精神。”在被主持人问到如何理解工匠精神时，李万君是这样回答的。转向架制造技术被列为高速动车组的九大核心技术之一。李万君凭借着对焊接技术的求索和钻研，填补了国内多项高速动车组、铁路客车、城市轨道客车转向架焊接操作方法的空白，先后进行技术攻关100余项。

2006年我国试制时速250公里动车组，列车转向架横梁与侧梁间的接触环口焊接成为决定动车组列车能否实现速度等级提升的核心部件，也成为制约转向架生产的瓶颈。李万君总结出“构架环口焊接七步操作法”，一口气焊完整个圆形接口，让外国专家也感到不可思议。如今这项“绝活”已成为公司技术标准。在李万君看来，“无论外国怎么进行技术封锁，都要想尽一切办法去革新和突破，这是中国高铁产业工人义不容辞的责任和担当。”

2015年初，公司生产我国拥有独立自主知识产权的高速列车——中国标准动车组，其中转向架焊接技术攻关的任务自然又落到了李万君的肩头。面对着新型的设计和工艺，李万君带领团队反复研究和论证，最终交叉运用平焊、立焊、下坡焊等多种操作技法完成了射线检测100%合格的目标。看到两列中国标准动车组以时速420公里完成会车试验的画面，李万君心中无比的自豪。

1. 思考：李万君和他的工作团队之所以能够取得成功，在于他们具有怎样的品质？

提示：精益求精、团结协作、脚踏实地、刻苦钻研、勇于创新等。

2. 思考：怎样理解工匠精神？

提示：（1）精益求精。注重细节，追求完美和极致，不惜花费时间和精力，孜孜不倦，反复改进产品，把99%提高到99.99%。（2）严谨、一丝不苟。不投机取巧，必须确保每个部件的质量，对产品采取严格的检测标准，不达要求绝不轻易交货。（3）耐心、专注、坚持。不断提升产品和服务，因为真正的工匠在专业领域上绝对不会停止追求进步，无论是使用的材料、设计还是生产流程，都在不断完善。（4）专业、敬业。工匠精神的目标是打造本行业最优质的产品，其他同行无法匹敌的卓越产品。

3. 思考：他们的成功带给我们什么启示？

教师总结：实干是通向成功的桥梁。

提示：今天，国家建设展现出光辉灿烂的前景，中华民族伟大复兴的中国梦越来越接近现实。把中国梦变成现实，创造未来的美好生活，需要一代代人埋头苦干和接力奋斗，需要每个人在各自工作岗位上付出更多的辛勤和汗水。

目标导学四：接过历史接力棒

活动四：辩论——“书本知识与实践谁更重要”

（展示教材P110“探究与分享”）

活动四：将全班同学分为甲方和乙方，进行辩论。双方先对观点各自进行讨论，各选出三位发言代表组成辩论小组，进行五分钟限时辩论。

（展示双方观点）

甲方观点：学习书本知识更重要。

乙方观点：实践更重要。

教师归纳：读万卷书，行万里路。学习书本知识应与实践结合起来，现在这个阶段以学习书本知识为主，为将来参与社会实践打下良好的知识基础。

活动五：培养科学精神

（1）青少年科技创新大赛是一项具有30年历史的全国性青少年科技创新成果综合性科技竞赛，每年一届，由教育部、中国科协、体育总局、共青团中央等联合举办，是目前我国中小学最具权威性的科技竞赛。第31届全国青少年科技创新大赛2016年8月14日晚在上海华东师范大学拉开帷幕。

（2）为培养青少年创新和实践能力，进一步提高山东省青少年科学素质，4月7日至9日，由山东省科协、山东省教育厅、山东省科技厅、山东省体育局、团省委、山东省妇联、山东省关工委办公室共同主办，菏泽市科协和山东省青少年科技活动中心承办的第32届山东省青少年科技创新大赛在菏泽第一中学举行。

1. 思考：各地纷纷举行青少年科技创新大赛，你对此有何感想？

提示：我们要不断激发自己科学探索的热情，努力成长为祖国的栋梁之才，将来更好地为实现中国梦贡献力量。

（展示教材P110“拓展空间”）

2. 思考：面对国家的期望，我们应该怎么做？

教师总结：我们是国家的未来，一定要接过历史的接力棒，努力学习，积极探索，勇做走在时代前列的学习者、劳动者、奉献者，肩负起历史重任，让青春绽放出绚丽的光芒。

三、收获平台

通过这节课的学习，我们知道了国家所取得的每一项成就，都是广大人民用辛勤劳动、诚实劳动、创造性劳动换来的；明白了无论是脑力劳动者还是体力劳动者，都是国家的建设者，都值得我们尊敬和学习；懂得了把中国梦变成现实，创造未来的美好生活，需要每个人在自己的工作岗位上付出更多的辛勤和汗水；我们青少年应接过历史的接力棒，努力学习，积极探索，肩负起历史重任。

❖板书设计

天下兴亡 匹夫有责
- 劳动成就今天
  - 人民的劳动铸就国家发展成就
  - 尊敬和学习国家的建设者
- 实干创造未来
  - 实干实现中国梦
  - 接过历史接力棒

❖教学反思

本节内容主要是通过让学生自主合作学习感知国家建设成就，认识到劳动的重要性，明确踏实肯干才能取得成功，作为未来的建设者，要努力学习，激发自己科学探索的热情，为实现中国梦贡献自己的力量。学习本课前，要求学生自主搜集关于国家建设的成就、各行各业做出突出贡献的劳动者的事迹，有助于增强学生的感性认识；辩论学习书本知识与实践哪个重要时，教师运用小组合作探究，整合学生的见解后给予明确的结论，有助于学生认识到为国家做贡献应从现在做起，努力学习。

自己感觉在引导学生明确处理好学习与实践的关系时，道理讲述不够到位，这是本课的不足之处。

百家争鸣教学案例

❖设计理念

百家争鸣这一思想的繁荣局面发生在春秋战国时期，距离学生较为遥远。在生本教育的理念下，如何拉近本课与学生的距离，成了我开展这堂课的难点之一。

经过一段时间的思考，我决定效仿一些综艺节目，来一场“历史人物大咖秀”，鼓励学生“摇身”变“大咖”，让学生畅所欲言，用他们的眼睛去看历史，用心去体验当时的历史。在这堂历史课中，教师只是一名站在幕后的“导演”，学生自己选出这场大咖秀的主持人，把全班同学分成四个大组，分别是资料组（儒、墨、道、法家）、表演组、记录组和访谈组。

历史人物大咖秀分为两个环节：

1. 历史人物角色扮演——基础知识学习

2. 访谈组设问——探究知识学习

现在我将这场大咖秀的整个过程展示一下：

百家争鸣历史人物大咖秀

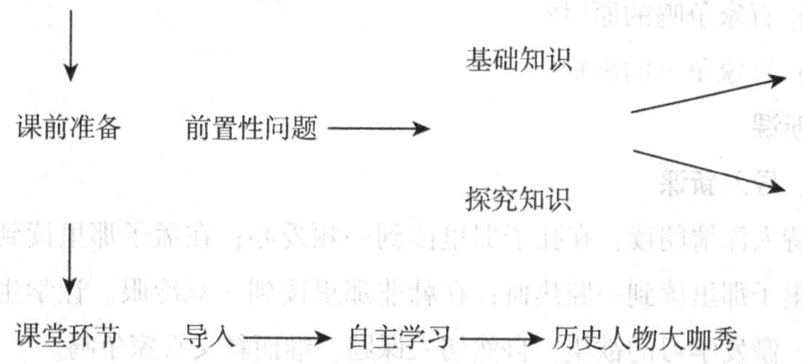

❖教学目标

1. 知识识记：知道儒墨道法每个学派的代表人物及主要观点。

2. 能力培养：

（1）通过表格归纳整理各学派的思想主张并进行比较。

（2）分析百家争鸣的原因。

3. 情感态度与价值观：联系生活，认识传统文化的价值，培养弘扬传统文化、建设现代文明的意识；学习诸子先贤们以天下为己任，关心国家发展和人类命运的崇高理想和抱负，弘扬百家争鸣中大胆思考、自由讨论的学术传统，培养追求真理的科学精神和创新意识。

❖教学重难点

1. 重点：孔子和儒家学说及百家争鸣

2. 难点：百家争鸣形成的原因及百家争鸣的影响

❖前置性问题的设置

前置性问题设置的意图在于引导学生自主学习，每一课给学生两部分预习题，一部分是基础知识，学生只要仔细阅读课本就能找到答案；一部分是探究知识，通过基础知识的学习，来思考探究知识，为减轻学生的负担以及体现学生的团队精神，课前将全班同学分成四大组，即资料组（儒、墨、道、法家）、表演组、记录组和访谈组。

基础知识：

（1）儒墨道法资料组搜集相关资料。

（2）表演组展示儒墨道法家相关故事（课下提前准备）。

探究知识：

（1）百家争鸣的原因？

（2）百家争鸣的影响？

❖讲授新课

一、导入新课

主持人深情朗读：在孔子那里读到一颗爱心；在孟子那里读到一股正气；在墨子那里读到一腔热血；在韩非那里读到一双冷眼。让学生了解学习内容，激发学习的欲望，自然切入课题，继而释义百家争鸣。

二、自主学习

学派	人物	时代	主要思想	代表作
道家				
儒家				
墨家				
法家				

通过表格一目了然，把握本节课核心内容，让学生根据表格迅速浏览课本，做到心中有数。对于找到的内容可以在课本中用铅笔进行标画。

三、小组活动——历史人物大咖秀

在春秋战国时期，社会上流行着这样一句话“春秋战国乱纷纷，诸子百家闹哄哄”，那么“百家”在今天的课本中主要指哪些学派？主要代表人物有哪些？各家学派又在“闹”什么呢？接下来，让我们一起去战国时期看看。由表演组的同学上台展示历史人物大咖秀。

感谢这些同学精彩的表演！从刚才的表演中我们知道了百家学派主要有：儒家、道家、法家、墨家。那对这些学派你又了解多少呢？在学生你争我抢地回答之后，让资料组“儒墨道法”的同学代表分别上台总结，教师在资料组同学总结完成之后，加以补充或者完善，并让记录组的同学对关键词进行板书，下边的同学在课本上进行详细的标画。

完成之后，为了调动整节课的课堂氛围，主持人又引导同学们展开这样一个活动：同学们，我们学习了以上观点之后，你最欣赏哪位思想家的哪个观点？你愿意投入谁的门下？说说看，我们也来个“百家争鸣”！（可以前后桌讨论）通过这个活动的设置，让学生进一步掌握诸子百家的思想。

在所有的活动结束之后，由访谈组的同学对刚才的学习活动进行提问，也就是前置问题中的百家争鸣的原因和影响，通过小组再次合作探讨这两个问题，从知识深度和精神层次方面提升了本节课的高度。

通过这节课的学习，学生了解到春秋战国时期的很多思想家，他们当中很多的主张在当今仍具有重要的现实意义。

孔子的主张孕育了我国传统文化中的政治理想和道德准则，对当今以德治国、仁爱和谐、建设社会主义和谐社会提供了借鉴；

道家主张顺应自然，对我们当前贯彻落实可持续发展战略具有重要意义；

墨家提倡节俭，对于我们建设节约型社会具有现实意义；

法家强调以法治国，对于我国当前全面推进依法治国具有重要意义。

儒道法墨家的思想融合成为今天的社会主义核心价值观就是：

富强、民主、文明、
和谐、自由、平等、
公正、法治、爱国、
敬业、诚信、友善。

让我们重新拿起《论语》《老子》……去领悟传统文化的精髓，去寻找祖先的思想智慧，去找回我们失落的精神家园，去构建美好的和谐社会。

在自主学习与合作探究中把抽象问题具象化、具象问题简单化

——“等高线地形图”案例分析与反思

❖背景导读

地图是地理信息的载体，是学习地理的重要工具，学会读图、用图是学习地理的基本能力。“等高线地形图”是《地形图的判读》中重要一项，是今后读图、用图的基础，也是初中地理的一个重难点。但空间和平面关系的建立问题对七年级的学生难度较大，抽象且枯燥，因此，不管对学生而言，还是对教师来说，等高线地形图都是地理教学中最难啃的“骨头”之一。义务教育地理课程标准在“地图”的具体目标中指出：在等高线地形图上，识别山峰、山脊、山谷，判读坡的陡缓。而在实际教学中，学生较难获取正确的空间概念，对山谷、山脊的识别易混淆，陡缓坡的应用问题也需拓展。为了解决这些问题，本节课我主要用自主学习和小组合作探究的方式降低教学和学习难度，进而突破这几个重难点。

❖案例过程

一、初识等高线地形图

教师通过课件展示线索活动：“绿环社团”的同学们在市郊某山林景区参加“捡起每一片垃圾，还山林畅快呼吸”活动，分组时，有的学生想要选择平缓的登山线路，有的同学喜欢陡峭的登山线路，那么西山和东山哪条线路陡峭，哪条线路平缓呢？

师：同学们，你知道怎么帮他们选择吗？

生：老师，我们都没爬过怎么知道哪边陡哪边缓呢？

师：等高线地形图就能轻而易举地解决这个问题，今天我们就来学习阅读和应用等高线地形图。你从这幅景区等高线地形图上读到了

什么信息？

生1：线圈。

生2：数字。

师：那它们分别表示什么意思呢？要想读懂这幅等高线地形图，我们先要知道它的绘制原理。（课件动图演示三维立体模型向等高线地形图的转换）

师：你们想不想自己绘制一份等高线地形图呢？

生：（纷纷表示想）

【实践操作】

师：组长拿出你们小组的景区山体立体模型和绘图材料，以小组为单位根据课件展示的绘制步骤和动图演示，绘制山林景区的等高线地形图。

（师巡视并指导）

师：艺静组的问题提醒大家注意在山体模型上是按照垂直高度标注。

师：浩文组注意画完一条等高线将切割后的山体再次置于白纸上原位置继续绘制下一条等高线。

（看到个别学生犯错时提示）

师：完成第一步的同学们请先自学课本第32页最后一段文字，和第33页图2-2-3地形与等高线图，了解等高线、等高距、海拔高度的概念和在等高线地形图上的标识方法，把该有的信息标注在你的等高线地形图上。

【设计意图：在实践操作中，学生初步了解等高线地形图的绘制原理，获得正确的空间概念，使抽象变具象，给枯燥的等高线地形图增加趣味性。小组合作的实践过程可增加等高线地形图绘制的正确性，让学生更容易完成空间转换的同时加快课程节奏，给突破重难点留足时间。】

二、再识等高线地形图

师：大家看到手中的山体模型的西山和东山，哪个坡度陡哪个坡度缓呢？

生：西山陡，东山缓。

师：那对应到等高线地形图上，两侧山坡呈现出什么样的等高线分布特点呢？

生：一侧稀疏，一侧密集。

师：缓坡稀疏还是密集？陡坡呢？

生：缓坡稀疏，陡坡密集。

师：所以，想爬缓坡的同学应该选择等高线分布？

生：稀疏的。

师：想爬陡坡的呢？

生：密集的。

师：同学们观察力真强，那我们就得出了陡缓坡分布规律。

（总结：在等高线地形图上，等高线分布稀疏则坡度缓，等高线分布密集则坡度陡）

师：我们这么快就帮“绿环社团”的同学们解决了第一个问题，为同学们的效率和准确率点赞。可现在他们又接到了下一个任务，中午到中游河畔团旗处就餐，并选择傍晚适合的露营地点。

师：在模型上大家看不到河流，那哪个部位容易形成河流呢？思考这个问题之前，你得先认识山体的各个部位。大家看课本第 33 页图 2-2-4 等高线表示的地形部位和特征，自学识别各部位特征并完成表格。

山体部位	特征
山峰	
鞍部	
山谷	
山脊	
陡崖	
陡坡	
缓坡	

师：现在来检测一下大家的自学结果，完成以下连线，组长检查组员并反馈易错点。

师：通过检测，发现部分同学对山谷、山脊最易混淆，现在来看这幅最简单的局部等高线地形图。

（课件出示山谷、山脊的等高线地形图）

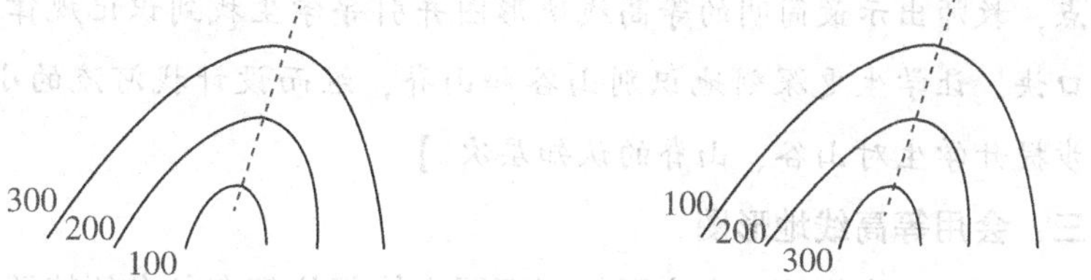

师：大家注意观察，山谷是等高线中部向海拔高处还是低处凸出？

生：高处。

师：山脊呢？

生：山脊是等高线中部向海拔低处凸出。

（总结：山谷山脊判别口诀——高谷低脊）

师：大家都知道水往低处流，那山谷是两侧高还是低？

生：高。

师：中间？

生：低。

师：山脊是？

生：两侧低，中间高。

师：那河流容易在哪个部位形成？

生：山谷。

师：对！那我们应在哪里聚餐？

生：山谷。

师：很好，大家对等高线地形图掌握得越来越好了。山脊是两侧？

生：山脊是两侧高，中间低。

师：那山脊是集水还是分水呢？

生：分水。

【设计意图：让学生观察一陡一缓两侧山坡从立体模型投射到等高线地形图上的特点，在教师引导下总结出陡缓坡判定规律，让学生循序渐进地掌握等高线地形图的判读技巧，帮助学生把抽象问题具象化，具象问题简单化。各山体部位的识别是基础，先让学生自主探究各山体部位的特点，不打破学生自己的识记习惯，通过检测得出学生易混部位，为攻破这一难点，教师出示最简明的等高线地形图并引导学生找到识记规律，总结判定口诀，让学生更深刻地识别山谷和山脊，继而设计找河流的小活动，进一步提升学生对山谷、山脊的认知层次。】

三、会用等高线地形图

师：还有一个问题，大家了解到不同山体部位都有各自的特征，露营地点选在哪儿才是最佳的呢？大家根据露营须知，以小组为单位合作探究，帮助“绿环社团”选择最佳露营地点。

师：请各小组代表说一下你们的答案？

艺静组：山谷。

师：为什么呢？

艺静组：有河流，风景好。

师：有反对意见吗？

洪星组：靠近河流会有帐篷被浸湿的可能，同学也有天黑落水的危险。

师：这位同学很有生活经验呢，那你认为应该选择在哪呢？

洪星组：山峰，海拔高，一览无余。

师：你注意观察，山峰处等高线密集吗？

洪星组：密集。

师：那坡度呢？

洪星组：陡，也不适合露营。

亚飞组：鞍部。等高线相对稀疏，较为平缓，位于两座山峰之间，较为安全。

师：特别棒！有没有选择陡崖的小组？

生：没有。

师：哪个小组讲一下原因？

荆昀组：因为陡崖几乎是垂直的，太危险。

师：对，还容易有落石，所以露营一定要远离陡崖。刚才说到，还要远离哪里呢？

浩文组：山谷。

师：山谷除了因为汇集水流容易发生洪水有危险，暴雨强力冲刷地表还可能引发泥石流。所以，学习地图对于大家实际生活还是很有用处的。那你能根据这幅等高线地形图，为修建大坝选择一个最佳位置吗？

生：能。

师：这个作为大家的课下探究拓展，用地图去探究更多对生活有用的地理。下课！

【设计意图：联系生活实际问题，激发学生的探究欲望，教师引导学生利用新旧知识的联结点，把握新知识的生长点，帮助学生实现同化与迁移。小组合作探究和探究结果汇报碰撞出了思维的火花，让学生对等高线地形图的认知和实践应用都得到进一步提升。同时，让学生感受到了对生活有用的地理，提高了对地理的学习兴趣，丰富了生活经验。】

❖教学反思

等高线地形图是学习读图、用图的基础，抽象的平面图给学生增加了学习难度，对于学生来说阅读等高线地形图需要一个个阶梯、一个个过程去认识和应用，更需要教师基于学生的起点，让他们在层层递进的认知中，去经历绘图、读图、用图的实践探究。“读图”和“用图”是不可分割的。“读图”是用图的前提和基础，没有用图的读图只能是无源之水、无本之木；而“用图”又是读图的延伸和发展。本次教学实践，我作为课堂的组织者和引导者，始终贯穿一条主线就是让学生不断地有层次的学会用图。学生通过自主学习和小组合作探究的方式，逐步突破重难点，加深对等高线地形图的认知，逐渐掌握等高线地形图的阅读和应用技巧。

准确把握教学起点。从学生的实际出发，关注学生的生活经验和知识基础，用图从读图入手，读图从绘图入手。学生通过动图直观了解三维立体模型投射到平面形成等高线地形图的原理，自学等高线地形图的基础概念，然后小组合作绘制景区山体模型的等高线地形图，为等高线地形图的进一步判读和应用做足基础。

运用自主学习和小组合作探究突破重难点。绘制完等高线地形图后，教师引导学生探究陡缓坡判定规律。先让学生观察立体模型中一缓、一陡两侧山坡投射到等高线地形图上的区别，生轻易得出一侧稀疏、一侧密集的特点，师继续加深引导，哪侧稀疏哪侧密集呢？继而由学生得出等高线分布稀疏则坡度缓，等高线密集则坡度陡这一规律。在此基础上，让学生学会如何探究等高线地形图，展开自主探究活动，利用学习工具自学各山体部位的名称和特点。根据自主探究，在立体模型上识别五种山体部位，而后完成与等高线地形图的连线，检测学生自主探究结果。发现学生最易混淆山谷和山脊，抓住这一难点，教师出示最简明的等高线地形图，做进一步引导，明确区别，总结“高谷低脊”四字口诀降低识记难度。为了让学生更深刻的认识等高线地形图，又设置等高线地形图的实际应用活动，让学生小组合作探究选择合适的露营地点。小组内不同层次学生对山体部位认知水平、实际生活经验、思考问题角度的不同，通过合作探究碰撞出思维的火花，汇报探究结果时，教师根据不同答案进一步引导学生得出不同山体部位适合开展的不同实际应用活动的结论，让学生对等高线地形图的认知和应用都得到进一步提升，继而突破这一重难点。同时，让学生感受到了对生活有用的地理，提高了对地理的学习兴趣，丰富了生活经验。

在自主学习与合作探究中认识特点、掌握功能

——“人体与外界的气体交换”案例分析与反思

❖背景导读

学生对这节课的呼吸现象比较熟悉，却很难具体说出呼吸系统的组成和功能，以及呼吸运动的原理，而且还缺乏相应的物理知识，所以本课内容对于学生来说较难理解。但本节课是这一章的重难点，所以要求学生对本节课的知识点有比较透彻的掌握。

因此，学习过程中要留给学生充足的自主学习的时间和合作探究的空间。通过图片、小动画、模型还有亲身测量体验的方式让学生学会自学，以及需要通过小组合作动手操作完成演示实验和探究实验，培养学生的自学能力和合作意识。

❖案例过程

一、小游戏引入

教师带领学生体验小游戏：闭上嘴巴，感受吸气；捏住鼻子，感受舒适度；捂住对方的口鼻，看坚持多久。

师：同学们，闭上嘴巴，吸气有问题吗？

生：没有，很通畅。

师：那捏住鼻子呢？

生1：嘴巴里面有点干。

生2：不太舒服。

师：捂住对方口鼻，看他能坚持多长时间。

学生大约坚持了十几秒就纷纷举手表示放弃。

师：就像鱼儿离不开水，我们每时每刻都离不开空气，人体需要与外界不断进行气体交换。

【设计意图：通过小游戏让学生体验：我们的生活离不开空气，呼吸对人体有多么的重要，自然地引入课题。】

二、一探呼吸系统的组成

教师出示自主学习提纲，要求学生自学课本23页插图及24页第一自

然段相关内容，寻找问题的答案，对关键词进行圈画，在圈画的过程中识记，任务完成后，组长组织本组每位成员把呼吸系统各部分结构名称指给另一名同学。

师：（拿出挂图）请小组派代表上台指认呼吸系统的组成器官（位置和名称）。

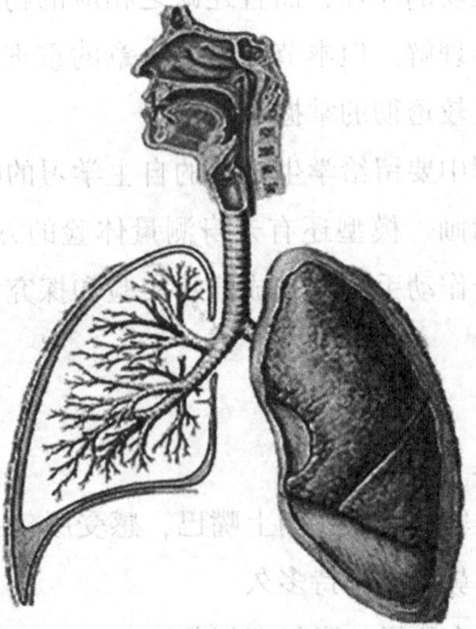

生1：……

生2：……

其他学生对个别学生犯错的地方进行点评。

在教师的指导下，学生自己总结呼吸系统的组成。

【设计意图：通过问题设置，引导学生自主学习，培养学生的自主学习能力、归纳总结能力及表达能力。通过有意识地鼓励后进生上台展示，培养其学习的主动性。让学生自己总结得出结论，效果更好。】

三、再探呼吸系统的功能

让学生结合导学案中1～7题，继续读课本23页图，明确呼吸器官的特点，推测其生理功能。

问题：

1. 鼻腔有什么结构特点？

2. 气体和食物的共同通道是？

3. 发声的器官是什么？

★4. 动动嘴唇、张张口，我们就能说能笑，这是嘴巴的功劳吗？

★5. 气体经过喉以后，进入气管中，有什么结构保证气体的畅通？

★★6. 分析以下生活实例，归纳为什么用鼻呼吸比用口呼吸好呢？

①在灰尘较多的地方停留久了，鼻腔前部的鼻毛以及黏液都占有许多灰尘。这说明鼻腔对吸入的气体有什么作用？

②患感冒时，鼻腔不通往往要用嘴呼吸，在这种情况下，早上醒来时会觉得嗓子非常干，为什么平时用鼻子呼吸就没有这种现象呢？

③北欧的冬天非常寒冷，在那里生活的人们与我们相比鼻子普遍比较高，鼻腔比较长，这样对经过鼻腔的气体有什么作用呢？

★★7. 为什么吃饭时不宜大声说笑？

要求：不带★的独立完成；一颗★小组讨论；两颗★最后处理。

教师出示幻灯片，播放动画，演示空气中的氧气经呼吸道入肺的过程，期间通过提问的方式让小组展示其对呼吸器官功能合作学习的成果。

师：空气中一个氧气分子想要进入我们人体，最先进入哪里？

生：鼻腔。

师：鼻腔有什么结构特点？

生：前端有鼻毛，黏膜分泌黏液，黏膜内有丰富的毛细血管。

师：为什么用鼻呼吸比用口呼吸好呢？

学生展示问题6的讨论结果。

生1：鼻毛能吸附空气中的灰尘和细菌，使空气变得清洁。

生2：黏膜分泌的黏液也能黏住空气中的灰尘。

生3：黏液含有水分，能使吸入的空气变得湿润。

生4：黏膜内有毛细血管带来热量，能温暖吸入的空气。

教师给予肯定点评，师生共同总结：呼吸道有鼻毛、黏液、毛细血管，因此能对吸入的空气起清洁、温暖、湿润的作用。

师：氧气从鼻腔进入，下一站到哪里？

生：咽和喉。

师：我们把地理位置重要的通道称为“咽喉要道”，为什么？

生：咽是气体和食物的共同通道。

师：所以咽同时属于哪两个系统？

生：消化系统和呼吸系统。

师：喉呢？

生：是发声器官。

师：俗话说“食不言，寝不语”，吃饭时为什么不宜大声说笑？

播放吞咽食物的视频，让学生认识会厌软骨，了解会厌软骨在吞咽食物和呼吸交叉进行时所起的作用。

师：穿过咽喉要道，氧气又依次进入哪里？

生：气管和支气管。

师：气体在经过气管和支气管时，有什么结构保证气体畅通？

教师出示气管纵剖面图，让学生认识C形软骨的支架作用。

师：我们看到支气管已经深入肺的内部，并逐级分支成细支气管，把它放大，会看到它的末端膨大形成了什么？

生：肺泡。

师：对，我们的肺就是由数亿个这样的肺泡组成。肺泡就是肺结构和功能的基本单位。

总结加过渡：学完了以上内容，我们就能明确，空气就是沿着鼻腔、咽、喉、气管和支气管这样的通道进入肺，而沿着相反的方向，气体就会被排出体外。那气体是怎样经过呼吸道进出肺的呢？也就是说我们吸气和呼气的动作是怎么完成的？

【设计意图：让学生观察氧气进入呼吸系统所经过的器官，在教师引导下总结各器官的结构特点及相关功能，帮助学生把抽象问题具象化，具象问题简单化，同时形成生物体结构与功能相适应的生物学观点。】

四、三探呼吸运动的实现

温故知新。

师：大家还记不记得，七年级上册我们学过，哺乳动物特有的结构是什么？

生：膈。

（一）出示图片展示膈肌在人体内的位置，并让学生明确膈肌的存在与呼吸有关，并把人的体腔分为胸腔和腹腔。肺就在胸腔内。

出示膈肌舒缩引起胸腔容积改变的模型，让学生讨论模型的每部分分别代表人体的什么结构。

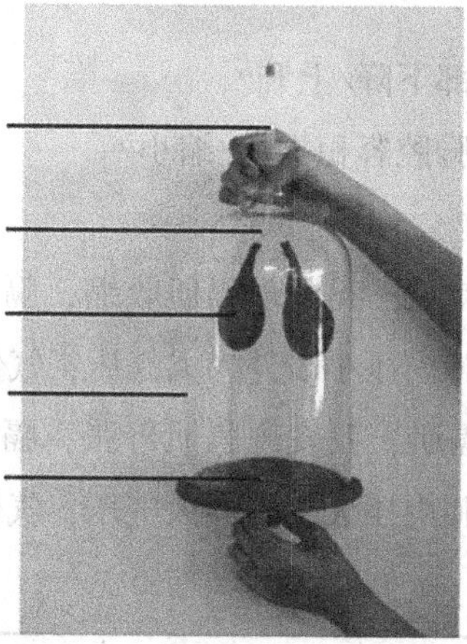

师：模型中标横线的地方分别表示什么结构？

生：模型各部分从上往下依次模拟人体的气管、支气管、肺、胸廓、膈肌。

师：下面我们分组合作进行演示实验，用模型探究膈肌舒缩是如何引起呼吸运动的。在实验前先补充一点课外知识做铺垫。

指导学生拿分发的一次性注射器（不带针头）来感受容积变化与气压的关系。明确容积越小，气压越大；反之，则越小。并感知气流方向。

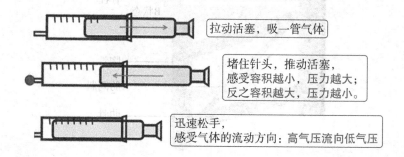

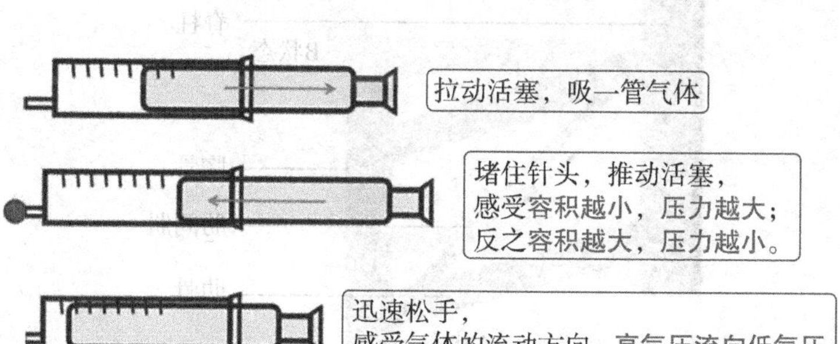

学生分组进行实验，演示膈肌舒缩与吸气、呼气的关系。

操作说明：

A 同学指导；B 同学操作、展示；C 同学和 D 同学观察、记录。

一只手拿着模型，另一只手向下拉/向上推模型底部的橡皮膜（表示膈肌收缩）。

观察现象：

1. 膈肌收缩，膈顶部下降/上升？

2. 膈顶部下降导致胸腔容积扩大/缩小？

3. 肺扩大还是缩小？

生 1：轻轻向下拉膈肌，我发现膈肌收缩，膈顶部下降，导致胸腔容积扩大，肺随之扩张，肺内压小于外界大气压，气体入肺，完成吸气。

生 2：轻轻向上拉膈肌，我发现膈肌舒张，膈顶部上升，导致胸腔容积缩小，肺随之回缩，肺内压大于外界大气压，气体出肺，完成呼气。

师生共同总结：

	胸腔容积	肺	肺内压与大气压	结果
膈肌收缩				
膈肌舒张				

（二）出示肋间肌舒缩引起肋骨和胸骨运动的模型，让学生明确模型的每部分分别代表人体的什么结构。

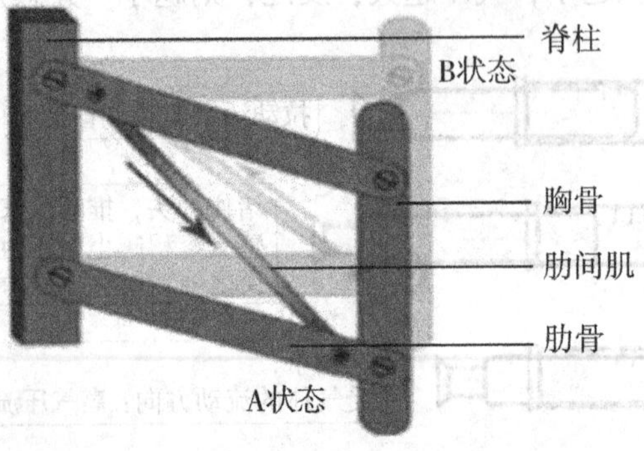

然后让学生分组合作进行演示实验，用模型探究肋间肌舒缩是如何引起呼吸运动的？得出结论后完成表格。

	胸腔容积	肺	肺内压与大气压	结果
肋间肌收缩				
肋间肌舒张				

师：现在请大家把手放在自己身体两侧肋骨上，深吸气，感受下，肋骨往哪里走？

生：往上走。

师：那胸廓怎么变？

生：变大了。

师：那大家再做深呼气，肋骨往哪里走？

生：往下走。

师：胸廓呢？

生：变小了。

师：对，正是因为膈肌和肋间肌的舒缩，导致胸廓的扩大缩小，引起肺随之扩张和回缩，进而引起气体入肺和出肺，从而实现吸气和呼气！

（总结：呼吸运动完成的口诀——**吸收廓大压小！呼舒廓小压大！**）

师：呼吸运动的实现是一个比较复杂的过程，老师给大家总结了十二字简记口诀，理解了口诀，就能用它解答所有有关呼吸运动的问题。课后试着把口诀展开解释给组长听！下课！

【设计意图：由于这部分内容比较复杂，在学生分组合作进行探究实验之前，务必让学生明确两种模型中各部件所代表的结构名称；让学生实际参与演示实验，可以找学生代表给同学们做进一步的演示讲解。在学生理解模拟实验的基础上，请学生做深呼吸运动，去感受，分析呼吸肌、胸腔的变化！】

❖教学反思

本节课知识内容容量较大，教学中要充分利用演示实验、多媒体课件、视频等来解决重难点，同时紧密结合学生的生活实际和经验，引导学生通过自主学习，小组合作探究等完成学习目标。

首先根据人体与外界环境之间的气体交换是通过呼吸运动来完成的事实。通过阅读“呼吸系统示意图”的图文资料，使学生了解人体呼吸系统的组成，并通过对图中文字的仔细阅读和思考讨论，进一步认识呼吸道各个器官的结构特点和功能。

本节有大量的学生分组活动，教师应注重对学生活动的引导，充分体现学生的主体地位，充分给予学生表现的空间、活动的空间、思维碰撞的空间。通过引导学生亲自体验深呼吸，感受胸廓容积的变化，增强学生的感性认识，感受深呼吸时胸廓的变化以及与膈肌、肋间肌的关系。观察膈肌、肋间肌的动画演示，并引导学生利用自制膈肌、肋间肌运动的模型演示呼吸的过程，认识呼吸运动的过程及原理，并通过小组讨论和学生上台演示模型操作过程，引导学生深层次思考，分析得出呼吸运动实现了肺与外界环境的气体交换。充分利用注射器等实物，让学生从感性上理解气压和气流的关系原理，从而更好地从理性层面理解肺与外界的气体交换过程。

自主与合作之课题研究篇

初一小组合作学习中养成良好心理品质的研究总报告

第一节 初一小组合作学习中养成良好心理品质的研究总报告

【研究单位】齐河县第五中学

【课题名称】初一小组合作学习中养成良好心理品质的研究总报告

【课题批号】2019QHGH64

【课题负责人】李振　高级教师

【课题组成员】高俪、李中群、牟菁慧、张甜甜、马慧颖

简介部分：

1.【标题】

初一小组合作学习中养成良好心理品质的研究总报告

2.【摘要】

关于小组合作学习的研究是教育界乃至全社会都十分关注的热点问题，而基于小组合作学习中良好心理品质的研究却略显薄弱，这不得不引起我们作为一线教育工作者的重视。如何依据教学过程中的问题和实际情况，采取多种活动、多种手段并重的形式，让学生认识良好的心理品质，并不断地培养它、固化它，从而达到全面发展的目的。基于此背景，我们以工作单位齐河县第五中学2019级学生为研究样板，对小组合作学习中养成良好心理品质展开实践研究。

3.【正文】

一、研究问题

（一）研究目的

本课题旨在通过加强小组合作学习形式和方式的研究，对学生良好心理品质提出不同层次的德育渗透要求，提高学生在学科学习中的综合素质和能力，从而使学生能够以健康的心态、正确的价值观面对现在及将来的学习生活。

（二）研究意义

青少年是祖国的未来，民族的希望，青少年身心的健康成长关系到国家的富强，民族的振兴。青少年正处在生理、心理发展的重要时期，求知欲和好奇心强，辨别是非的能力差，极易受到各种诱惑。初中阶段是青少年成长的关键时期，也是其世界观、人生观、价值观形成的关键时期，因此做好青少年的德育工作是党和国家的重托，也是教育工作者责无旁贷的义务。通过对本课题的实践研究，增强学生心理健康的意识，提高学生自我调节心理机能的能力，使学生学会自我控制、自我管理与自我监督，促进身心健康发展，形成积极健康的人格。

（三）研究假设

齐河县第五中学是全县规模最大、人数最多的初中，涉及人员较广，虽然在心理健康教育工作方面取得了一定的成绩，但面对社会大环境的不断变化，以及学生在生活、学习方面可能出现的问题，仍需要全校教师的继续努力，不断探索，及时做出预判，并做出应有的工作。因此，由骨干教师及心理健康教师组成的教师研究团队，应增强德育意识、心理健康意识，树立“学研一体”的思想，提高德育效能，提高师生素质。同时结合学科特点，充分挖掘小组合作学习中的素材，促进学生良好品质全面发展，使研究工作在校园中有声有色地展开。

（四）核心概念

学校对青少年学生进行的思想、政治、道德教育及其相应的心理品质教育是教育者根据一定社会思想、政治、道德的要求及受教育者身心发展的需要，遵照品德形成的规律，采用言教、身教等有效手段，通过内化和外化，有目的、有计划地对受教育者进行系统影响，通过受教育者的积极参与，以使受教育者逐步形成一定社会所要求的具有良好品质的社会公民。

二、研究背景和文献综述

（一）研究背景

随着时代的不断发展，社会文化日趋多元化，现代教育理念不断深入人心。传统的教育手段、空洞的说教方式，也越来越使学生感到困惑和厌烦。教育家、教育工作者和社会人群普遍认为，一个人今天在校的学习方式，必然会与他明天的社会生存方式保持某种内在的一致性，而合作学习、协作能力、良好品质正是这种一致性的切入点之一。

齐河五中从学生的生源来说，学生主体一半以上是城区和祝阿镇的生源，大多有着良好的家庭环境，家长们对学生的期望值较高。受当前教育体制的影响，成绩的好坏往往是衡量学生的最高标准甚至是唯一标准，于是不可避免地出现一种极端的现象：过于重视学生的智力发展而忽略了良好的道德品质和行为习惯的培养。一些城区的学生因父母溺爱，养成了任性、懒散、娇气的性格，过着衣来伸手饭来张口的生活，自理能力差，随意性强，不服从管理；而寄宿制农村学生，在学校生活，远离亲人，与其他学生相比，他们的自理能力很强，但知识面、自信心方面则远不如其他同学。

在现实的课堂教学中，小组合作学习遍地开花，但普遍存在着表面上看热热闹闹，实际上有其“形”而无其“实”的现象。教师在小组合作学习中关注“小组的分组形式”“小组的人员搭配”等，而没有将小组内不同成员的心理变化和心理防御性纳入教学分析与实施中，造成小组合作学习成了少数尖子生表演的舞台，使得个别学生成为教师的代言人，许多学生采取旁观的态度，缺乏积极参与的意识，思维能力、表达能力、质疑能力等得不到锻炼，合作意识和合作能力得不到培养。在组织学生进行小组讨论时，多数学生表达完自己的意见就算完事，而对于小组内其他成员的意见常常不置可否，因而讨论无法深化。部分教师在教学指导思想上仅仅把小组合作学习看作是一种教学表象和形式，而它真正的意义却是培养学生的合作精神和合作能力，提高综合素质。

基于这种情况，在新形势下寻找学生成长教育的最佳突破口，寻找贴近学生日常生活、让学生愉快接受的教育方式，提高教育教学的实效性，对于教育工作者来说是何等的重要与紧迫。

（二）文献综述

合作学习在20世纪70年代兴起于美国，并受各国广泛关注。20世纪90年代以来我国一些中小学积极参与到小组合作学习的研究、实践中去，并有效地将其运用到各种学科的教学之中。

“合作学习”是新课程倡导的重要理念之一。很多专家、教师对合作学习进行了大胆探索和实践，其成功的经验给了我们如下启示：合作学习应该是严密而有序的；合作学习应该是多方位的交流与互动，即交互式的；合作学习应该是有效的，即要求做到充分自主、有效合作、适度探究。当然，在探索和实践中，也有一些所谓的“合作学习”，学生表面热烈，实际收效甚微，诚如教育专家杨再隋所说“不过是彩色的泡沫”；有的课堂上的合作学习过于格式化，合作学习成了变相的“拉郎配”等。在具体的教学活动中，根据教学内容的需要，将全部学生按一定的方法分成若干个“组内异质、组间同质”或“组内同质、组间异质”小组，要求学生主动参与、结果整合、克服依赖心理、乐于合作、互相帮助、积极探索，养成认真完成学习任务的自觉性，培养合作的意识和态度，通过师生和生生的对话与交流，形成人际沟通的初步能力。苏霍姆林斯基曾经说过：“教育者应当深刻了解正在成长的人的心灵，只有在自己整个教育生涯中不断地研究学生的心理，加深自己的心理学知识，才能够成为教育工作真正的能手。”要从思想观念入手，对学生进行心理疏导，从而强化每位学生参与合作学习的意识，让学生乐于与同伴交流和分享自己获得的信息、创意和探究取得的成果，从而培养学生的群体意识、社会意识。

三、研究程序

（一）研究设计

1. 通过调查研究了解小组合作学习中存在的问题及成因。

2. 通过理论学习，更新教师先进教育理念，畅通师生成长通道，提高在学科教学中的德育渗透意识，寓教于乐，把优秀品质的培养渗透到小组合作学习中的各个环节。

3. 从教育教学的途径入手，深入进行教学改革，进一步完善学校对学生评价体系的构建。

（二）研究对象

2019 级新生是小升初的衔接年级，能够较好地实施德育教育、习惯养成、优秀品质的培养。为了更好地开展研究，实施小组合作学习的教学影响力，决定以齐河县第五中学 2019 级学生作为本课题的研究对象。

（三）研究方法

本课题采用的主要研究方法有文献资料法、行动研究法、调查法、个案分析法、经验总结法。

文献资料法：学习已有的文献资料，并加以深化，增强课题研究意识。

行动研究法：在实践中不断探索和完善，使理论与实际相结合。

调查法：通过对学生、教师及家长的问卷调查研究，使课题研究能够有的放矢地采取方法和策略，并确定本课题的作用和实际效果。

个案分析法：选择班级中来自不同原生家庭或单亲家庭等在德育教育方面有代表性的个体学生进行追踪建档分析。

经验总结法：研究过程中，定期总结、及时反馈，并不断付诸实践，进行验证，继而完善。针对有特征的个案及时进行交流、总结，完善研究成果。

（四）技术路线

（1）准备阶段（2019. 6—2019. 10）

1. 对课题进行论证，申报，立项，请骨干教师、优秀教师指导，进行现状调查、收集资料，学习培训。

2. 加强对新课程标准和相关的教育心理理论的学习与研讨，提高认识。把相对的侧重点，从学习方法、教学方式转移到对学生的思想变化和心理体验，以及对学习效果的影响上。从理论的高度去审视课题的目标和角度。

3. 树立教师与学生平等交流思想，组织对影响小组合作教学相关因素的问卷调查，全面调查学生积极参与交流、研讨的现状，分析整理。撰写课题方案，拟定实施计划，确定课题研究目标。

（2）实施阶段（2019. 11—2020. 8）

1. 筛选、整理收集各项资料，构建“课堂教学中小组合作学习心理探究模式”。

2. 分阶段召开课题研讨会，交流阶段性研究成果，对实验操作及阶段性成果及时调控，及时固化。对实验班级进行跟踪调查研究，及时与班主任、任课教师就小组合作教学中出现的问题进行调查研究。

3. 搜集和积累各项原始资料。

4. 开展不同层次的阶段性交流，定期组织班主任、任课教师交流会。

（3）课题研究的总结阶段（2020. 8—2020. 12）

总结课题研究过程中的经验，反思存在的问题和后续研究方向。

1. 2019 年 6 月—2019 年 8 月宣传准备阶段

通过教研活动、会议等宣传课题，统一了思想，讨论制定了开题报告，召开开题论证会。

2. 2019 年 9 月—2019 年 11 月调查分析阶段

针对学生、家长和教师进行基于新形势下初中德育工作现状的调查。随机选取了初一部分学生和教师进行调查问卷。对数据进行整理，了解现状，分析成因，写出小组合作学习的现状调查报告，制定中期报告。

3. 2019 年 12 月—2020 年 7 月方案实施阶段

结合防控疫情，在实施研究的过程中适时关注学生的学习状态和精神状况，配合班主任做好网课的监督和实施，在网课推进的过程中充分发挥小组合作学习的优势，培养了一批优秀的小组长和组员。通过网上班会、专题辅导等形式对学生加以引导，进行问卷调查，了解学生的适应情况，以进行总结和改进。在了解学生的学习、生活、心理的基础上，结合网课的实施情况，由此做出适当的调整方案。通过对比、调查，做好记录，总结经验，汇总反思成果，形成论文。

4. 2020 年 8 月—2020 年 12 月结题阶段

整理研究资料，反思研究过程，总结出有效的初中德育工作的新出路，撰写课题研究总报告，组织专家论证。

四、研究发现或结论

（一）小组合作学习中存在的问题

实践证明：小组合作学习存在的问题不是单纯某个教师的问题，也不是学生的问题，而是师生合作“共管共赢”的系统问题。

经过对 2019 级部分班级、部分师生的调查和座谈，发现我校小组合作学习现状如下：

1. 从学校层面积极推进小组合作教学，但是定位不高，只是停留在倡导、提议阶段；级部则停留在班级形式、座次的改变等方面，没有形成教师全员参与、全员创新的教改氛围。

2. 小组合作学习的目标空乏，不具体，不可量化；操作烦琐，长期坚持有难度。

3. 小组合作学习中形式主义盛行，做表面化文章太多。

4. 小组合作学习中教师没有关注学生个体化的差异，挖掘差异化学生的潜能措施简单，方法匮乏。

5. 教师为了教学进度、教学效果，缺乏对小组合作学习的引领和创新，缺乏韧性和持续性。

6. 学生缺乏对小组合作学习的认识和理解，不能积极参与合作学习、配合教师完成教学任务。

7. 部分学生对良好的心理素质的培养存在认知上的问题，没有在小组合作学习中健全心理健康教育、优秀心理品质的培养意识；忽视了综合素质的培养。

（二）问题存在的原因

上述问题出现的原因是多方面的。从总体上说，有社会的，有家庭的，也有学校的；从个体层面来分析，有主观的，有客观的，有的问题还是一时难以避免的。

1. 当前的教育体制内部的不完善和中考制度的限制。

2. 青少年缺乏自我教育，自控力差，影响了自身的健康成长。

3. 教师改革、创新力度不够，致使个别教师教改意识较差。

4. 学校教育、家庭教育在某些方面的缺失，导致学生思想意识、行为准则上的不到位。

五、分析和讨论

学校教育在心理健康教育以及良好心理品质培养方面的缺失问题是长期存在且不容忽视的。近几年来，虽然教育部和各级各类教育行政部门一再强调，有关学生心理健康教育的研究和推进也一直持续进行，没有间断，并形成了普遍的共识：优化教学环境、德育内容，创新活动方式，有效发挥学生的主体作用。很多地方也进行了一些有益的实践和探索，但在中高考指挥棒的影响下，教改的过程仍任重而道远。

课堂教学中的小组合作教学是新型教育理念的体现，它虽然是一个教学方式的问题，却与教师教学、管理，学生学习方式、态度有着密切的联系，与个体心理、社会、文化有着千丝万缕的联系。正如马卡连柯所言："正常的教育，积极的教育和具有一定目的的教育，能很快地使儿童集体变成完全正常的集体。任何天生的犯过事的人，任何天性的不良性格，是绝对没有的。"综合考虑，得出研究的结论简单陈述如下。

1. 小组合作学习中消极思想和良好品质是同时并存的

积极的品质与良好的品质固然被人们关注和认可，并具有积极的意义。而被教学边缘化的部分学生的转化，也是教学中不可缺少的环节。被边缘化学生的存在，是一种消极的存在，教师应该予以理解、支持和保护，以促进学生良好品质的发展，从而促进学生的全面发展和提升。

2. 小组合作学习中每个组员学生的思想品质的存在形态复杂多样

小组合作学习中具有消极思想的学生，与我们教学中定义的学困生、弱势生、处境不利学生等有一定的交叉，但不仅仅局限于此类学生。通过观察发现，有些成绩优异的学生也存在自私、保守、人际关系紧张的状况，也就说良好品质的培养不仅仅对应我们传统上的"学困生"。

3. 小组合作学习中良好品质的培养不仅停留在教学层面，还要从心理、班级管理、社会文化等多维度视角把握

在教学中教师的教学观、学生观、知识观都对学生产生深刻的影响，要深入了解每个学生的优势，激发他们的潜在能力，多从身心发展的角度对学生加以引导、点拨，使其突破狭小的空间，破除固有的思维定式，在多维度视角下给予学生合理的评价和关注。

4. 小组合作学习中良好品质的培养需要一套系统的对策和建议

（1）提高认识，抓好学校教育教学的改革，优化教学环境。小组合作学习是齐河五中从学校教学改革层面力推的教学模式，要充分认识到小组合作学习在教育教学中的首要地位。学校要本着为学生负责的精神，建立健全学校综合素质评价体系，加强对德育工作的领导，抓好学校各项活动建设，明确各岗位的职责，优化教学环境。

（2）构建领导体系，健全各层级全面负责的管理制度。学校教育教学工作领导小组在校长领导下具体组织、指导教育教学工作方案的实施。

学校各级部分管校长、级部主任，具体实施、落实，发挥保证、监督、模范引领作用，影响和带动广大教职工不断创新实践。

年级组、教研组要定期组织年级教师学习先进教育理念，制定有针对性的教育措施，沟通信息，协调各方面关系，组织本年级教师贯彻学校教育教学工作方案。

班主任是班级实施学校教育教学的直接组织者和领导者，形成良好的班风学风，对教育教学直接产生积极的影响。

各科教师、全体教职工都是学生成长过程中的引路人。将良好心理品质的培养渗透于各学科的小组合作教学当中，组织各种类型的活动，促成学生主体观念的形成。

（3）构建适合学生身心发展与时代特点的目标体系。学生是学习的主体和实施者，只有充分调动起学生的内在潜力，才会激发出积极性，让学生在适合其身心发展的环境中快乐、健康成长，促进学生思想意识、行为规范的自觉性形成。

在学生中深入进行小组合作学习知识的普及和调查，让学生了解小组

合作学习的学习方式、教学环节和意义，从而让学生形成小组合作学习是促进学习、提高成绩的最佳方式的思维定式。

小组合作学习的目标体系构建，小组长、组员明确各自职责，层层制定规则和目标，引导学生养成良好的行为习惯，提高学生自觉性的养成。

(4) 发挥评价的导向作用，促进学生的全面发展。及时、准确地对学生进行评定是激励学生成长的重要组成部分。通过评定，鼓励学生发扬优点，克服缺点，促使学生不断进步，并检查教育工作的情况，促进德育工作水平的提高。在具体评价方式上，坚持重视自我评价，辅之他人评价；重视过程评价，辅之终结评价；重视差异评价，辅之绝对评价；重视定性评价，辅之定量评价……从而发挥德育评价在育人中的正向作用。

(5) 在小组合作学习中，引入心理健康动态干预、影响机制，及时疏导、排解学生心理压力，锻炼提升良好的心理品质。学生的成长烦恼，很多时候不仅体现在教学、成绩和作业负担上，更体现在人际关系、内心情感等方面。作为正处于青春期的青少年，有时心里有事情想不开，又没有倾诉的对象等都是正常的。最关键的是通过心理干预和辅导，让其迅速地有个正确认识和排解，通过自身的体验和感受既接受负面的情绪也接受积极的正能量，从而打造健康向上的良好心理品质。

(6) 实现家、校、社，亲子教育、实践教育的有机结合。发掘网络的积极因素，创新合作学习的新模式，让网络服务于疫情防控期间的小组合作学习生活。

学校教育、社会教育、家庭教育有机结合是造就一代新人的必要条件，而家庭教育则是学校教育、社会教育的基础。关心和保护中小学生的健康成长，不仅是教育部门的职责，而且是全社会的责任和义务，要把社会和家庭教育同学校教育紧密结合起来，形成全社会关心中小学生健康成长的舆论和风气。

良好的心理品质的培养，没有固定不变的模式，而是顺应时代、结合现实生活，灵活多变、潜移默化的渗透和影响。

疫情防控期间，居家学习，网课先行，在小组合作框架模式不变的情况下，班主任依据网络便捷、直观的特点，及时调整小组成员间的责任分工和目标导向。利用微信群的语音、视频等方式，在集合、点名、辅导、监督等方面进行新尝试。利用家长群统一指导家长与孩子的亲情互动、习惯养成及实践活动的顺利开展。疫情防控期间的小组合作教学离不开家庭环境和社会教育的默契衔接。学校结合疫情的进展，开展了才艺大比拼、我是健身小达人、特殊的升国旗、网络班会、家长会等活动，都是在家长、班主任、小组长和组员的密切配合下顺利进行的。

六、建议

受时间、人力、物力、疫情等多方面因素影响，本次研究仅仅针对2019级的师生，虽然作为研究对象能够说明一定的问题存在及对策的典型性，但调查面还是较窄，相比大数据时代，数据量不够大不够广泛。教师在教育理论方面还不够先进，不能站在一定高度去看待问题，研究问题。下一步建议从学校顶层设计教育教学的整体思路和大方向，充分论证，严格落实。学校各个层面的管理环节，环环相扣，密切配合，以集体智慧挑战不可能，创新思路。充分利用网络调研、网络研修、外出学习等提高教师对先进教育理念的学习，并利用大数据进行专业化的系统性地整理和分析，使数据更有说服力，分析更科学、更专业。

从研究结论来看，起点不高，立意还不深刻，可喜的是已得到了学校领导和广大师生的高度重视，学校正在采取措施并取得了实质性的效果。但从大的环境来看，中高考指挥棒的作用不容忽视，教师以抓成绩为主，忽视综合素质、综合能力培养的思维定式还是根深蒂固的。从素质教育培养“四有新人”的角度出发，学生良好心理品质的培养、评价，也是绕不过去的问题存在。而教育评价制度的改革不是一所学校所能解决的，需要上级领导层的顶层设计。值得欣喜的是，在全社会、教育界的关注和力推下，学业水平考试正在向着更为科学的等级制方向转变，为切实解决教育教学、评价机制工作存在的问题指明了方向。

| 第二节 | 初一小组合作学习中养成良好心理品质的研究

摘要：小组合作学习中，组员对问题进行着不同角度的探究和交流，互帮互助，相互尊重，相互欣赏，其乐融融，共同分享同伴和集体经验与成果，对于培养学生积极心理品质有着重要的作用。

关键词：积极心理 自信力 自我效能 人际交往 责任担当

初一学生刚刚进入初中，正处在青春期的初始阶段，处于由儿童向成人的过渡时期，其心理发展具有两极性：积极面突出，但也有消极面，自我意识存在显著矛盾，思想独立性和批判性有了发展。小组合作学习中学生参与度广，交流频繁，学生可以在有效的交流活动中充分表达自己的意见，在交流与碰撞中形成自己的主见；小组合作学习为了达成共同的学习目标，组员要与他人友好相处、发现他人长处、取长补短、帮助后进，这种默契融洽的氛围有利于学生的协同发展；小组合作学习中，组员对问题进行着不同角度的探究和交流，互帮互助，相互尊重，相互欣赏，其乐融融，共同分享同伴和集体经验与成果，对于培养学生积极心理品质有着重要的作用。那么在小组合作学习中怎样培养学生的积极心理品质呢？

一、保持学生的好奇心，锻炼学生的自信力，培养积极心理品质

传统教学以教师讲、学生听为主，学生的好奇心、自主能力下降，从而影响到学生的自信力。通过小组合作学习的研究发现，在小组合作过程中，教师为学生搭建平台，学生参与、探究、创新，教师转型为“导演”，学生变身为舞台上真正的“表演者”“参与者”，充分展示其能力和素养。

初一入学不久，就要面对学习小组的组建，小组合作学习的开始。这种学习方式是学生好奇的，也是期待的。小组组建后，组内同学熟悉、熟

知、磨合都需要一个长期的过程。结合学生的心理变化和组内人际关系，做初步尝试。

"我是初一新生了，我来到新的校园、新的环境，我很兴奋和好奇，也很期待。离开相处六年的小学同学，我又有点失落，很怀念小学无忧无虑的生活……我现在还没有朋友、伙伴，心里很孤单……"

由己及彼，我想学生中有这种想法的不在少数吧？能为学生做点什么呢？在小组合作学习中做点什么能让学生既保持那份好奇心，又能锻炼学生的自信心？

名片，自己"书写"名片。结合学生的自身特点利用小组合作的模式，学生们自己设计"蓝本"，并在此基础上"书写自己""展现自己"，重新"审视自己"。

名片分为：这就是我自己；兴趣爱好；我努力的目标；好朋友寄语；自画像。这其中有自我文字表述部分；有体现人际交往的好朋友寄语；有绘画、色彩的展现，通过自画像激发学生兴趣，对自己有一个重新的认识。

名片是媒介，关键是最后在小组内自我展示和评价。通过合作中的不同环节锻炼学生的能力，培养学生的心理品质。

二、探寻有效学习策略，增强自我效能感，培养积极心理品质

小组合作学习中，学生接触更多的是小组内的同学，对不同的学习方法和优秀范例的认识，就会在不同学生中呈现不同的交融，让组员寻找属于自己的学习策略和认知，对于增强自我效能感有着重要的作用。小组合作学习中，每一个组员都有自己的目标和职责，只有全体组员思想明确、目标一致才会提升整个小组的学习成绩和效率。小组成立之初，有些学生对于小组合作学习和应该具有的优秀品质认识模糊，对小组合作学习中组长和组员的职责和担当不够明晰。而通过在小组中讨论"组长什么型，组员什么样"，改变对小组合作的认识，提升全体组员的思维意识。思想的统一也为下一步探寻自我学习策略提供了精神支撑。

探寻有效学习策略可以从以下两个方面出发：一是组员之间思维想法的交流，学生可以借鉴其他组员的学习方法，并结合自身的实际情况进行改进，使之变为自己的学习方法；二是小组学习中每个组员承担不同问题任务的责任，迫使学生只有拥有自己的学习策略才能高效解决所分担的问题，实现小组的共赢。

学生自主学习和互助学习氛围的培养，要摆脱以往对教师的依赖，真正的转向学生自主和互动的学习。小组成员在和谐的团体中可以相互学习和借鉴，这样就可以正确归因，在学习其他组员的优秀行为之后，就可以提升自我效能感，培养积极心理品质。

三、增进学生的人际交往，落实组员间的责任担当，培养积极心理品质

小组合作学习的最大特点就是互信、互助、相互尊重的人际关系。学会合作和学会共处是现代社会每一个人所必需的生存发展技能。在小组合作学习中，按照“组间同质，组内异质”的原则进行分组，其目的就是促进小组成员之间学会相互帮助，进行友好的交流与合作。不同类型和个性的学生在小组合作学习中，有倾听有表达，有不同观点的交锋，有宽容与理解。在小组合作学习生生互动的过程中，小组成员之间相互支持、相互帮助和相互鼓励，性格内向的学生在小组成员面前想方设法地把自己的看法通过语言、表情和动作表达出来，达到与别人沟通的目的，消除与别人交往的恐惧心理，从而使语言、思维以及社交能力的培养得以实现，让他们彼此接纳、彼此信赖、彼此宽容和彼此欣赏，从而促成他们亲密融洽的人际关系的建立，进而培养他们的合作能力和团队精神。

在小组合作学习中，每一位组员都有相关的角色和任务，要做好相应的职责，履行好相关义务。由于每个人的自我控制力和意志力不同，而呈现出不同的责任担当，影响到小组合作学习中能力的培养和目标的达成。为了更好地促进学生的人际交往，落实组员间的责任担当，在上心理教育课或心理社团的时候，有意识地在小组合作学习的基础上进行“心理剧”剧本的编排活动。首先全体组员熟悉心理剧的主题，共同讨论，达成共

识，形成初步思路。然后，选出组长、副组长。由组长、副组长结合成员兴趣特长、文学功底、心理素质等负责给组员分工。这样就将全体成员的“共同目标”捆绑在一起，使每个成员都要按照预期的目标努力前行。同时在课题研究中发现责任的担当不是一句口号，而应在创设的真实教育活动情境中去培养学生、锻炼学生，进而让学生学会主动担当并在活动中获得积极心理品质。

研究中面对的现实问题：

1. 学校教育大环境对推进小组合作教学的一贯性有待提高。小组合作教学是一个长期的教学模式的推进过程，不能只停留在口号式的宣传上，落实到真正的教学中去才是硬道理。

2. 级部、班主任、任课教师和学生对于小组合作学习中培养良好心理品质的理念和意识认识不到位，有应付了事的现象，积极性不高，学生参与流于形式，达不到预期效果。

3. 活动的开展，只凭一己之力是行不通的，只有全体成员达成共识，拧成一股绳才能完成共同目标。

教育教学是培养学生积极心理品质的重要阵地，学生积极心理品质和健全人格的培养不是光靠教师说教、灌输去完成的，而是要引导学生在小组合作学习这样的真实教育活动情境中，通过生生互动和师生互动去体验、感悟和调适得以实现的。

参考文献

[1] 任俊．积极心理学［M］．上海：上海教育出版社，2006.
[2] 孟万金．积极心理健康教育［M］．北京：中国轻工业出版社，2008.
[3] 王新波．大学生积极心理品质培养研究［J］．中国特殊教育，2010.
[4] 孟万金．中国中小学积极心理品质量表编写报告［J］．中国特殊教育，2009.
[5] 张中西．小组合作学习中独立自主学习初论［J］．新课程研究：基础教育，2012 年 2 期．
[6] 陈美荣．论合作学习对中小学生心理健康的影响［J］．江西教育科研，2005（12）：20.
[7] 周论．小组合作学习与学生主体性发展［J］．杭州教育学院学报，1998（1）：54.

自主与合作细节打磨之绽放光芒篇

桃李丹心飞花

|第一节|教育教学那些事儿

“那一棍”的分量

“那一棍”，我至今记忆犹新，疼痛、酸楚、悔恨各种滋味交织在一起，使本就装得满满的心，被塞得更加严实。“那一棍”的分量很沉很沉……

事情发生在一个周末，中午午休过后，我急匆匆赶到校长室签到，心里想着快点去教室，解决本周班里出现的一些问题。一周之内，就餐秩序、卫生检查、男舍纪律、学习情况……接连出现问题，这让我心急如焚，召开一个紧急班会整顿班风势在必行。然而就在我签完到转身离开时，值班校长叫住了我。领导的脸色让我心生不安，果不其然，校长说：“你班女生宿舍中午说话严重，还莫名其妙地大笑了两次，你处理一下。”这样的答案犹如雪上加霜，使我气愤到了极点，不断地问自己“我的班怎么会变成这样？我怎么能允许我的班变成这样？”一向争强好胜，事事争第一的我，此时心有千斤重。

我气冲冲地进了教室，走上讲台，顺手拿起一根教棍，“咣”的一声摔到了地上，一周的怒气顿时喷发了出来，吼道“中午，女生宿舍谁在说话，站起来！”教室里鸦雀无声，没有一个人站起来，都低着头，一动不动，生怕动一下就被老师揪出来，当成“罪犯”来审讯和判决。无果，我的“怒火”燃烧得更加不可收拾，厉声喊着名字把宿舍长、小组长一一叫到讲台前，站成一排，让她们说明情况。结果可想而知，还是没有答案。压抑不住心中的怒火，顺手从地上捡起那根教棍，攥紧，举起……空气里凝聚着一股紧张的气息，惊讶、恐惧出现在学生低垂着的脸上。

那根被高举着的教棍也在等待着命令，我带着恨铁不成钢的愤怒，用尽浑身的力量打了下去。然而，一股莫名的意念改变了棍的方向，重重地打在了我的手上。顿时，手一阵麻木，但没有痛的感觉，使劲儿攥一攥，一种酸楚涌上心头……我抬起头，所有的学生都在看着我，眼里浸着泪水，甚至有的哭出了声，我的视线也变得模糊。

是啊，我怎么会打他们?！我原本不知道我有多爱他们，但在棍子改变方向的那一瞬间，我已明白他们在我心中的分量。这一棍，打醒了我，让我看到了真真实实的自己，真真实实的内心；这一棍，也打醒了我的孩子们，他们理解了老师的爱。那个方向的改变没有预设，没有前奏，这让我和我的孩子们之间多了一份理解和宽容。

平时教师们忙于教学工作，常常因工作劳累、学生不听话而烦躁、生气、着急、上火。学生的难管理、难教育让很多教师束手无策，教师和学生心与心之间的距离越来越大，相互之间有了难以逾越的鸿沟。就在这种情况下，我曾告诉自己，我无法去爱学生，我也不爱他们。“这一棍”改变了我对自己内心的评价。我也理解了更多的老师们，不是不爱，而是不知道自己的爱，爱时时刻刻都在我们每位教师的心里。

我庆幸“那一棍”打在了我的手上。它让我知道了爱的分量，爱不是说说而已，而是真真切切。爱有“根”，根在“心”，从心底迸发出来的爱才拥有顽强的生命。这件事虽没有帷幕，没有结局，却留给我无限的思考……

这个班，这些事儿

2021年的暑假，我仍然是班主任。

我时刻提醒自己，我要和另外的五十几个孩子有命运的羁绊。

开学了，这群孩子来了，当我还在忙着他们的开学信息初登记，还没来得及看清每个孩子的脸，没多说一句话，这个报到就结束了。隐约记得，一个女孩儿长得挺高，一个女孩儿不爱说话，一个男孩儿大热天的还要戴帽子，还有一个李老师特别来交代：刘老师，杨伟要住校……还有孩子从马集来的，要知道那里可是齐河的最南端，不容易啊！哎，对了，还有一个孩子没有亲自来报到，他叫吴豪。

一上午匆匆结束，信息统计中。我知道了，这 25 个女孩，29 个男孩就是我的娃儿了，他们今后的学习生活就归我管了。我的 18 班，新生活期待中……

魔鬼训练的军训生活来到了，意料之中的，有几个孩子站不了军姿，坚持不住，后来才知道那几个每次出来偷着喘口气的必有大嗓门米彤，八卦王宋文……

我在负责让同学们搬宿舍柜子时，天下着雨，因为有搬书的任务，几个孩子做好自己的宿舍内勤，义务来为大家分书、搬书、发书。为保证书不被淋湿，几个孩子把自己的外套脱下来罩在书上，包裹好，搬起书，冲在雨里，上明志楼三楼教室，一趟搬不完，两趟。他们在雨中艰难地行走，鞋子湿了，衣服湿了……瞬间，我深受感动，要知道，这几个孩子没有任何的迟疑，我太幸运了，拥有一群为他人着想，有担当的小小男子汉。晚上，我借机开了班会，主题是“担当和责任”。所以我们班的凝聚力就此凝聚，我们是一群人，是一条心不分你我的一个班，我们就是今后 3 年相互扶持的一家人，拥有你们，何其有幸！

后来的学习生活，教师们反映班里同学反应慢，记不准记不牢，但是拥有 14 个负责任的组长，不抛弃不放弃，一遍一遍过筛子听写的课代表，还有那些不服输，不达目的不罢休的我们自己，还有什么不能赢？上学期的考试成绩一次比一次进步，不正好说明了这个道理吗？

未来的路还很长，老师陪你们一起走，不会就学，不懂就问，不行就拼，只管付出，只问付出，只问真心。一群人、一条心、一起扛、一起想、一起拼、一直做、一定赢。孩子们，加油！

为爱坚持

作为一名班主任，我深深地爱着我的每一个学生。我争取做到让学生因我的存在而感到幸福。连年被学生推选为“最喜欢的老师”和“优秀班主任”。在学生遇到挫折时，我会告诉他们“没有比人更高的山，没有比脚更长的路。只要坚持，就有希望”。当学生生病时，我会亲自跑到宿舍送上一杯开水，虽然解决不了根本问题，但我相信他们能从我这一简单的举动中感觉到一丝丝的温暖，一份亲人的关爱。虽然离开了父母但并不孤单，老师一样爱他们，关心他们。学生就是我生命的一半，我无时无刻不牵挂着他们。

还记得寒冬的一天晚上，十点半，我照常回查学生的晚休，当灯光照到张帅和田猛同学（化名）的床位时，我发现床上没有人，我当时想，他们会不会去厕所了？便找来值班的同学去找，结果没有。那时已是晚上十一点了，天那么冷，他们会去哪里呢？我的心一下子紧张起来了。我悄悄地叫醒他们周围的几个同学，一一寻问，都说不知道，我心急如焚。怎么办？怎么办？我一遍遍地问着自己，正在我苦于无处可寻时，有学生说，他们肯定出去上网了。这可怎么办？我的大脑一片空白，气愤与担心，焦急与牵挂相互交织在一起……这么晚了，他们会在哪个网吧？思前想后，我拨通了张猛家的电话，他的父亲告诉我他能找到他们。我的心才稍稍地安定了下来。没多长时间，张猛的父亲打来电话说已经把孩子从网吧里赶了出来。和衣躺下，睡意正浓的我心里更放心不下了，孩子真的回来了吗？外面那么黑，他们不会再出别的事吧？不行，我不能睡，我得去等他们，为了不影响婆婆和女儿，我悄悄起身来到宿舍门口，独自等他们回来，夜太静了，静得让人害怕，真希望能马上看到他们，终于在一点半的时候他们出现在我的面前，当时，真想给他们一巴掌，可是伸出去的手却怎么也落不下来，我只能强忍着气愤让他们进了宿舍。第二天他们主动承认了错误。然而好景不长，没过多久他们又一次跑了出去，我在校长室从晚上一点一直等到四点钟，当他们看到我时，他们哭了，哭着说对不起，哭着向我保证再也不去上网，哭着说再也不让我伤心。不管后来如何，但我知道他们当时是真的感觉到惭愧和后悔。也许我的爱并不能真正改变他们，但哪怕对他们只有一点点的帮助，我的爱也无怨无悔！我相信他们总有一天会理解，会因我的存在而感到幸福！

总之，在教育教学之路上，我会一路探索，一路进取，一路坎坷，一路收获。时刻在用“师德的表率”“育人的楷模”“教育的专家”来规范、要求自己努力做得更好，力争为自己热衷的教育事业奉献出自己的光和热。

我为老师做宣传

学生好比是庄稼，那班级就是试验田。作为农夫的我们，想种好这片庄稼，除了天时、地利，更重要的是人和。抓好学生的团结重要，搞好与任课教师之间的关系也很重要。

平时要多用平和的心态，对待任课教师对自己班的评价，特别是不好的说法，也要好好地去听，心里再着急，也要正确地去面对。认真考虑他们给予的建议。

我们也要时不时地帮助任课教师树立威信。比如考试之后，如果班里有一科成绩普遍较差，学生很自然地就会把责任全部推到任课教师身上，这个时候我们再抱怨，无疑是火上浇油，学生更会深信成绩差不是自己的原因，而是老师不行，我以前也这样想，可这样做的后果是学生更不愿上学了，成绩更差了。所以这个时候，我们该做的不是追究谁的责任，因为现实无法改变。我们应该帮助学生分析自己的原因，并且多找一些与这个科目相关的学习方法，从这个角度去引导学生，让学生理解、认同老师。学生对任课教师的认同度高了，自然也就会愿听老师的课了，成绩自然就会上去。

所以，年轻的老师们，如果你是班主任，就要把握好班级的大局，哪些科目好些，哪些科目不好，我们都应该给予积极的引导。在班里不能过度地放大自己，只顾树立自己的威信，而更应该让学生信服每一位老师。这样才能全面发展，抓好总成绩。除此之外，我们还可以通过以下这些方法来提高课任教师的威信。

开学前我们可以搜集课任教师的照片和荣誉做成幻灯片，在开学第一天展示给学生。学生们会在一声声佩服中认识自己的老师。在课余时间我们也可以记录老师们关心帮助学生的真实事例，用故事的形式讲给学生，并让他们猜是哪位老师。比如“五千元的故事”“最美监考老师”等。游戏的过程中，他们知道了自己的老师原来是那么好。通过这些形式，拉近师生关系。学生爱老师、敬老师了，自然就亲老师、信老师了。班主任要做好学生和任课教师的感情纽带，创设和谐的班集体。这样的班集体才有生命力，才会给你意想不到的收获。

承载希望　静待花开

我们班就有这么一个孩子，高高的个儿，帅气、机灵，担任广播员，老师们都认为它的基础较好，都有意关注他，可他一点也不领情，借着广播员“事务繁忙”的理由，投机取巧。把他叫到跟前答应得很好，就是不努力，几次测验下来成绩不升反降。多次做工作也不见效果，老师们逐渐对他丧失了信心。作为班主任我看到眼里，急在心里。

从心理学的角度来说，他现在有了排他性，狂轰滥炸的正面说服教育不起任何作用，强行“教育”只会适得其反。我只能默默地关注他，从中寻找机会。机会终于来了，某一天的早晨，他与另一位男生低着头来到我跟前说：“老师，我昨天晚上犯错了，扣了 2 分。”我只是静静地听着，没有做任何评价，然后从抽屉里拿出“八年级二十班违纪责任说明书”。让他拿回去填完，然后再来找我。我注意到他用一种狐疑的眼光看看我，欣然走了。我是这样想的，既然学生自己主动来承认错误，我们就不要穷追不舍地批评了。维护他们的自尊，留给他们更多的时间，自己去反思，去体会。这样对自己对学生都有好处。有时候你气愤的情绪和言行，势必让学生有种种防御的心理，不管你说的再好听，他也是听不进去的！事后他对我说：老师你那天为什么不发脾气，我是有意而……我只是笑着说：“这不挺好的吗！为什么要发脾气呢！老师不想变老啊！”实际上他的话让我反思了好久，自己的一点点“仁慈”会让学生感受这么深刻。从那以后，我与他好像少了些隔阂，多了份亲近。我很欣慰，我与他有了交集……

从前有句歌词叫“女孩的心思你别猜……”但对于青春期、叛逆期的初二孩子，你还真得下功夫揣摩、体会。他们多疑、敏感、易波动，有朝气，有活力，爱憧憬，爱幻想，对任何事情都有探索精神。在班级管理中，我是利用我们班的反思本——《每天进步一点点》、话题本——《老师我想对你说》，去揣摩、去了解、去发现学生的思想轨迹和内心的感悟。我们班的《每天进步一点点》反思本在年前有 18 个人实验执行的基础上，本学期达到了人手一本，并作了简单的补充和添加。如增添了我们约定成功的序言、自评打分；双周总结反思，父母寄语等栏目，使《每天进步一点点》更加实用，更加接地气。人数多了，批阅的压力大了，自己一个人批阅 53 本，确实有难度。我就有意地锻炼学生，参加实验的 18 个学生每人 3 本随机批阅。这样就起到了相互了解，相互学习的好机会，丰富了学生的生活，锻炼了学生的能力。一段时间后，又让每个同学之间相互批阅，扩大了学习交流的层次和空间。在这期间出现了许多有趣、乐观、吸引眼球的神回复、神批阅，现采撷一片“小花”呈献给大家：

1. 今日趣事：今天开班会由我们小班长——王传玺开的。但他上来就“语无伦次”，最后还来了句：“我的演讲完毕”。临下来时还诺诺追问一句：这是班会，还是演讲……哈哈！（批语：我们的小班长是济公活佛转世吧！阿弥陀佛……）

2. 计划执行情况：假期怎么过？纠结中……（批语：学中过，想着过，我们来次穿越吧……）

3. 今日最大收获：嗯嗯，下面清点一下完成的作业：英语导学做完了；数学作业做完了；数学导学做完了；历史试卷做完了；物理导学做完了。真是大丰收啊！（批语：真牛！你带着一大车青草来的吗？）

4. 今日反思：在月考中心里既不平静，也不忐忑，但迷迷糊糊的，而且出了一点点小问题，很担心。果然不出所料，我被超越了，立刻崩溃！

泪水止不住啊！但这怪谁，只能怪自己……（批语：好伤心的小天使，我来给你招魂……）

5. 明日计划：明天要做的事好多啊！英语导学（一大堆），数学配套(六七个大题)，数学导学（一课时），历史试卷（整整半页），物理导学(唉不说了说不下去了)。现在还愣着干什么？赶紧写啊！（批语：去吧，皮卡丘!）

6. 每日名言警句：生活就像一杯茶，只有苦一阵子，而不会苦一世!(批语：我可不要"苦茶"，给我雪碧、脉动好吗？谢谢。)

从这些既顽皮又真实的话语中，我们感受到孩子们活生生的自我，他们的生活不是只有学习，有他们的自己的小天地、小乐趣、小情调……我们不能轻视他们的存在，这是我们接近学生，感染学生，与学生沟通交流的法宝。

话题本——《老师我想对你说》的利用。话题本本着每 2 周一个话题，以组长、组员共同商量话题为原则；内容积极向上，符合校园生活。现把本学期部分讨论话题摘录如下：

1. 过去，有不少人曾以拿破仑"不想当元帅的士兵不是好士兵"的话当座右铭；现在又有人认为"考不上大学的学生，不是好学生。"小伙伴们，快来发言啊。

2. 有人说：生活就是游戏。有人说：平平淡淡才是真。同学们，你们喜欢哪种生活呢？

3. 在当今这个各类补习班层出不穷的社会，家长每到假期就给孩子报上补习班。同学们的假期得不到放松，是大家的悲哀。对于家长为孩子安排的学习假期，同学们怎么看？

4. 你喜欢考试不？是笑是哭？

5. 考试的好处在哪里？不好在哪里？假如世上没有考试会怎样？小伙伴们站在正方的举个爪，站在反方的抬个蹄儿。小伙伴们快来为辩论会做准备活动。

而其中要数"你喜欢考试不？是笑是哭？月考来袭，你怎么看？假如世上没有考试"这个话题讨论最热烈，学生们的观点新颖、活力四射，让人有耳目一新的感觉。话题形成两大阵营针锋相对，各表观点。现摘录如下：

1. 虽然考试是“魔鬼”，人人避之。但身为勇敢的战士，我们应该向着困难去迈进，将困难当成垫脚石，放马过来吧！——四班四小组

2. 虽然不喜欢考试，但是我们必须面对的。你盼彩虹就应该容忍风雨。——二班七组

3. 扛得住，世界就是你的！——二班七组

4. 我们把桀骜不驯的美丽，留在花样年华的底版上；当多年以后缅怀这段时光，也会嗅到一缕穿透岁月的芳香。——三班二组

虽然最后不愿考试的好像占了上风，但我也不担心，还是偷偷的窃喜，因为在辩论的过程中学生得到了一种释放，让不良的怨气和情绪得到了调适和分解。

每天写反思并能坚持下来，我真替这些孩子高兴，他们养成了反思习惯，形成了自我认识、自我了解的能力，为自己的成长奠定了基础。

作文片段引发的思考

最近让孩子们写了个作文片段，《我的老师》。

有一个孩子写到我时，这样开头：“我们之间封了一堵墙，我无法靠近你，你也进不到我的心里。”这段文字让我愕然。出于何种心情，又是经历了什么，让她对我们的关系有了这样的定义……我说：“羽熙，你确定写的是我吗？如果你确定的话，我也负责任地告诉你，从今天开始，我要在这堵墙上开一扇门，我要走进你的心里。”

做了班主任，手下带着55个孩子，我真的不能保证走进每个孩子的内心。但是我会一直努力下去，做得好一点，再好一点。我想尽心竭力地去做事，不管结果如何，问心无愧就好。

班主任工作琐碎繁杂，没关系，小小笔记本，一件一件地办！事情都有轻重缓急，先从主要矛盾抓起。树班风，强纪律。开学之初，这就是主要问题。24小时不能全程监控的地方，就让严明的纪律去约束孩子。想起

第一次处理一个宿舍违纪的孩子时，慈母与严师之间，真的纠结了好久。严格执行班规，他就得克服困难，跑校一周。可是家在济南，跑校又不现实。网开一面，规则一旦打破，后续很多管理工作都会变得被动。最后，多方考虑，权衡取舍，并与家长充分沟通后决定还是要给孩子一个承担错误的教训。严格按照班规处理，跑校一周。第二天，孩子告诉我，爸爸妈妈带着被子，在车上陪他睡了一晚。看到辛苦操劳的父母因为自己的违纪行为陪同受罪，孩子当即留下了忏悔的眼泪，保证以后绝不违纪。我也惊叹于父母的伟大，愿意以这样的方式教育儿子学会承担责任。我，孩子，家长，第一次在情感上产生共振，错了就是错了，我一碗水端平，从严管理；孩子知错能改善莫大焉；家长为了孩子的成长，给予最大限度的配合，当走心的沟通产生效应的时候，原来“家校合作，共育英才”真的不仅仅是一句口号。从此，男女生宿舍再没出现一次大型违纪事件，孩子们真正懂得了规则面前人人平等。班主任言出必行。

规则一旦敲定，接下来就是攻心为上了。我用严明的纪律约束你，是为了让你更好地投入精力到学习上，如何学习，看老师就可以。永远做第一个进教室的人，你就是守时的典范，榜样在这，同学们一切向我看齐。窗明几净的环境任谁看了都是赏心悦目，我的地盘我打扫，人人都有卫生区，大家都参与，我的家我们来爱。自律，我们先从卫生开始，一屋不扫何以扫天下。角角落落，点点滴滴，迎面而来的都是整洁，孩子们会笑的。从喜欢这里的环境开始喜欢这里的人。

“要求你们读熟的内容，我肯定背过。要求你们背过的内容，我一定一字不差。我就是老师，老师就是这个标准。征服你的不是老师，而是知识和实力。”这是我经常说的话，当你洋洋洒洒一字不错地背下《出师表》全篇的时候，接下来的一切都会是水到渠成。我们老师就是这样的，强将手下无弱兵，人人摩拳擦掌，跃跃欲试。

向优秀看齐，每个孩子内心都是向上向善的，用师者的实力征服他们，如果高高在上，孩子们慢慢就会敬而远之。

走在教育的路上一定要多回头看看。发现有掉队的孩子，喊他一声，拉他一把。每一个孩子都是一朵花。国色天香的牡丹自然是好的，但是能装扮整个春天的大部分还是那些籍籍无名的小小花朵。在老师的引领下，在孩子的能力范围内能够学到一点东西，总是极好的。这点东西，不仅仅局限于知识层面。分餐员，卫生员，图书管理员……赏识每个孩子，尊重他的个体差异，找到他的长处，扬长避短，本身就是一种教育者的清醒。人间清醒很多年，成功与否，若干年后，于千万人中遇到你："老师，您还记得我吗？我是您的卫生委员。"

这种结果，挺好，回忆中，满满是春风，人生足矣。

穿越人海，我们相遇，那就是缘分，用真心换真心相处就是了。

看过这样一段话："如果人是需要电力才能正常运转的生物，那么不同的人际关系会对人的电力有不同的影响。"耗电型的关系，会让人失去能量，对生活越来越感到失望。而充电型的关系，则会让人变得自信，越来越充满活力。余生，和为你充电的人在一起，才是一段关系的高配。我们，也应该做充电者，坚定一条路，便义无反顾。

相信吧，这条路不会荆棘丛生，因为我们倾其一生陪伴的孩子们，每一个都是天使！

打进心底的那束光

班里有个男生，成绩差，毛病多，爱斤斤计较。常常因为一些鸡毛蒜皮的小事，和本班及外班的同学发生冲突，而让人啼笑皆非的是，事后还总是理直气壮，以受害者的面目出现。

平时各种小错不断，找他的次数也就很频繁，但基本上是批评教育，有时候怒气上来，也曾说出一些很不堪的话来。

平时上课基本不叫他。但有一次上课，讲文言文，让学生先自己预习，然后起来翻译。挑了开头两个简单句子给他翻译。虽然不完美，但他结结巴巴答上来了。

然后他的举动让人印象深刻。坐下以后，他显得很局促，一时间手脚都不知道往哪里放。仿佛不适应起来回答问题，特别是正常回答完问题的情境。原来要么埋着头，要么走神溜号，被斥责后梗着脖子黑着脸才是他习惯的。他好像进入了一个完全陌生的场域，一束聚光灯打在了他的头上，令他有些无所适从。

那一节课，他好像坐得特别直，双手规规矩矩地放在桌子上，脸始终朝着黑板。

我意识到这可能是一个契机，肯多下功夫的话，他是可以在很大程度上被改变的。于是，上课时不时抛给他一些相对简单的问题，布置任务有意无意地关注他的进度。想改变一个学生很难，出现反复或挫败感是很正常的，需要耐心，不断地寻找契机，应对变化。

察觉到老师对他的关注，伴随着语文成绩的提高，还有一个副产品，就是违纪现象明显减少了。他慢慢地会顾及老师的感受，学会三思而后行。

给学生插上想象的翅膀

只要去做，你总能找到一些适合自己的好方法。

每一年暑假，我都会畅想在新的学期里，我该怎样去教，怎样去管，应该有一个什么样的新成绩。在开学，我便会一样一样去实践。因为只有在经历中才能不断地成长。或许是成功，也或许是失败。但经历了就有收获。我常想，我应该怎样让学生喜欢学习语文？我试过想象式教学，课堂表演教学，朗读式教学等。比如，在教学《狼》这一课后，我让学生加入想象，扩写故事，给出要求：想象屠户和狼的心理活动；不同情境下的环境特点，完成对《狼》的扩写。再比如：教学《阿长与〈山海经〉》，我让学生想象阿长买《山海经》的曲折经历，设计了店老板、路人甲、路人乙、阿长四个角色，在想象的基础上，让学生以课本剧的形式演出阿长买《山海经》的不容易，进而体会阿长对鲁迅的关爱，在这个基础上再去理解鲁迅写此文悼念长妈妈的深情厚谊就容易多了。

在这些尝试中，我知道了自己的学生比较适合什么样的方法，这使我的教学越来越轻松。年轻就是本钱，在精力充沛的时候多给自己创造些什么，积累些什么，当有一天我们老了，才能有资本。回想起自己的工作，才会感觉充实和幸福，才会有说不完的话题。教好孩子不仅仅是义务，更是我们的责任。既然选择了教师，就要给自己，给孩子，给家长一个交代。

这不需要我们把自己变成蜡烛，燃烧自己，轰轰烈烈，只需要我们用心去做，比别人多一点点思考，多一点点尝试。

孩子——把窗户打开

作为一名班主任，我深知一个孩子对一个家庭意味着什么。

为了做好这一工作，我长到班级，走进宿舍，走进学生心里。

有一名被父母贴了“必须像姐姐一样优秀”标签的女同学，入学时，从来不敢抬头看老师，说话声音细小到近乎自言自语，面部表情忧郁，眼里闪着自卑怯懦的微光，看着让人心生怜悯。我找她谈心，聊生活琐事，打开她的心结。了解到她的姐姐学习特别优秀，爸爸妈妈就用姐姐的标准来要求她，轻则冷战埋怨，重则动用武力。知道情况后，我走进她的家中，推心置腹地与其父母沟通，让对方了解到天底下没有完全相同的两片树叶，每个孩子都是上天赐予我们的最好的礼物，我们应该好好珍惜。家长深深自责，后悔不已。慢慢地孩子不再恐惧，后来能看到笑容。

接下来我又发动周围的同学跟她谈心、跟她玩、与她一起探讨学习，教室里能听到她的笑声了。我借势多次走进孩子心中，设置她喜欢的活动，设计较容易的题目，让她快速找到存在感，树立自信心。最后孩子超自信，超努力。三年结束初中生活，收获了不错的中考成绩，更宝贵的是收获了自信和阳光。

孩子手捧鲜花与我激情相拥的瞬间定格成永久美好的回忆。

我就想：我要用真挚情感，感染带动每一名学生，把班里每一个孩子视为自己的孩子和朋友，有什么心里话都愿意和他们谈。让自己的光照进孩子们的心灵之窗，是我一生的追求和梦想。

｜第二节｜2021带班育人方略

《中小学德育工作指南》指出：坚持遵循规律，符合中小学生年龄特点、认知规律和教育规律，注重学段衔接和知行统一，强化道德实践和行为习惯养成，努力增强德育工作的吸引力、感染力和针对性、实效性。我们班就是基于此背景下的教育创新融合试点班。特制定班级育人方略如下：

一、指导思想

严格贯彻落实《新时代爱国主义教育实施纲要》精神，始终坚持育人为本、德育为先，大力培育和践行社会主义核心价值观，以培养学生良好思想品德和健全人格为根本，以落实《中小学生守则（2015 年修订）》为抓手，坚持教育与生产劳动、社会实践相结合，坚持学校教育与家庭教育相结合，为中国特色社会主义事业培养合格建设者和可靠接班人。

二、育人理念

基于《中小学德育工作指南》中“自主自立”“善于合作、勇于创新”这一德育目标理念，我探索推行出“自主管理”与“小组合作”双线并行的管理育人模式。

三、班情分析

（一）学生基本数据

我班现有学生 54 名，其中男生 25 人，女生 29 人。走读生 19 人，占全班 35%。独生子女 12 人，占全班 22%。

（二）学生家庭状况及环境背景

项目名称	具体内容
家庭状况	城区 39 人，农村 15 人。来自离异家庭 3 人，1 人父亲早逝，1 人来自留守家庭。父母工作多以服务业、个体工商为主，其次是职在岗工作人员，务农的最少
环境背景	绝大多数都有自住房产，相当一部分有还房贷任务；12%的家庭有病人，家庭经济负担较重

（三）学习动机及行为习惯分析

项目名称	具体内容
学习动机	有 15%的同学有远大并且具体的志向与目标；74%学习劲头不足，属于被动盲目学习；11%同学缺乏积极性，情绪波动较大，厌学情绪时有出现
行为习惯	80%的学生学习不能持之以恒且伴有不同程度学习焦虑的现象
	学生迟到、不交作业、上课坐姿不端、吃零食、说脏话的现象严重。1 人有吸烟史，39%学生迷恋手机，需要借助外力

（四）学生个性心理基本状况

大多活泼好动，但普遍纪律观念不强。有 3 人出现手机依赖问题，有 2 人有抑郁、悲观情绪，有 1 人心智不成熟。

四、班级发展目标

（一）整体目标

引导树立社会主义荣辱观，确立远大志向、增强爱国情感、明确学习目的、养成良好的行为习惯。落实《中学生公约》中的各项要求，培养中国特色社会主义事业合格建设者和可靠接班人。

爱祖国，有梦想
热爱祖国和人民，热爱中国共产党。志存高远，服务人民，奉献社会
爱学习，有专长
崇尚科学，追求真知；勤学苦练，精益求精；不会就学，不懂就问
爱劳动，图自强
尊重劳动，勇于创造；艰苦奋斗，勤俭节约；从我做起，脚踏实地
讲文明，重修养
尊师孝亲，友善待人；诚实守信，言行一致；知错就改，见贤思齐
遵法纪，守规章
遵守法律，依法做事；遵守校纪，依纪行为；遵守行规，以规行事
辨美丑，立形象
情趣健康，向善向美；仪容整洁，衣着得体；举止文明，落落大方
强体魄，保健康
按时作息，坚持锻炼；讲究卫生，保持清洁；珍爱生命，注意安全
树自信，勇担当
自尊自信，乐观向上；珍惜青春，不怕挫折；敬业乐群，勇担责任

（二）阶段目标

1. 树凌云之志

（1）发展目标

把习惯与理想教育作为首要任务，做到常抓不懈、入心入脑。以自主管理与小组合作为抓手，尽快让学生适应初中生活，端正学习态度，养成良好的学习、生活和思维习惯；把爱祖国、立壮志的思想根植于初一学生内心。

（2）实践做法

班级建设内容		活动安排	具体措施	组织负责人	实施时间
树凌云之志	意志信念教育	进行"青春无悔，我心飞扬"军训教育活动	积极训练，逐人过关，汇报展演，展演活动要成系统	班主任	初一开学初
		开展"向上向善、凌云尽展"班风入校教育活动	收看学生军训和内务整理视频资料	班主任	初一开学初
		开展以"立志成长"为主题的班级系列活动	每日5分钟立志演讲，班内轮流；每周主题班会时评出最优秀者2人	班主任和班长	初一每周
	爱国道德理想教育	观看央视《开学第一课》	认真看，做记录	班主任	初一开学第一天
		每周举行"升旗仪式"	楼前广场集合，系红领巾戴白手套，庄严肃穆	班主任	每周
		观看央视《大国工匠》系列视频（共8集）	班内交流会；观后感	班主任	初一1~8周周日下午
		《一心向党，红歌飞扬》红歌演唱比赛	宣传发动，选定歌曲，曲目练习，彩排，正式演出，颁奖	班主任和文艺委员	初一2021年9月10月
		开展"梨花清明寄哀思"清明节线上祭扫活动	Classin平台，线上祭扫，穿校服，系红领巾，戴白手套，庄严肃穆	班主任	初一2022年4月
	行为习惯养成教育	学习《中学生行为规范》并践行于日常	倾听，谈收获，就自己最薄弱的一点写感受	班主任	初一
		明确班级小组分组机制和小组成员分工并践行	双向选择，互助互学	班主任	初一初二初三
		学习示范值日班长制度及方法，并践行	人人值日，人人尽责，不合格的继续值日，追求进步与完美	班主任和两名同学	初一初二初三
		"我劳动，我快乐"五一劳动节活动	拍图片或视频，作为劳动作业发班级群	班主任	初一2022年5月

2. 架凌云之梯

（1）发展目标

把青春期教育和人生观价值观教育融为一体。在增加学习科目的前提下，做好初二学生的心理疏导。借助于家长的力量，学习上避免两极分化，思想上要加强是非教育，注重人生观价值观的培养，让学生打开心扉，学会倾诉与排解。

（2）实践做法

班级建设内容		活动安排	具体措施	组织负责人	实施时间
架凌云之梯	磨炼意志信念体育教育	进行“青春是用来奋斗的”徒步中国驿拉练活动	制订方案，师生徒步	班主任	初二 10 月
		开展“比学赶帮超”学习竞赛活动	语数外竞赛，优秀学生发表获奖感言，全体同学学习写感受	语数外老师和班主任	初二初三上下学期各一次
		开展进行“青春是用来奋斗的”徒步中国驿拉练活动	班级自由组合成男女混合 4 支球队，为球队命名，赛后表彰	体育老师、班主任和体育委员	初二
	心理健康教育	开设《心灵心语》心理课	认真听课，身心放松愉悦	心理老师	初二每周一节
		完成《2021 级 10 班学生心理健康现状调查问卷》	调查了解现状，认识自己，悦纳自己	班主任和心理老师	初一初二初三
		与家长一起参加“孩子，让我陪你一起走”家长进校园活动	聘请心理专家为学生和家长做专题报告	班主任	初二初三
		开展“拼搏奋斗，向阳而生”演讲活动	宣传发动，小组选拔，脱稿演讲，表彰奖励		初二 2023 年 4 月

续表

班级建设内容		活动安排	具体措施	组织负责人	实施时间
架凌云之梯	人生观价值观教育	开展《近朱者赤》辩论赛	小组推荐，正反方辩手各4人，赛后表彰	班主任	初二
		《今天，“我来上节思政课”》	角色翻转，学生当老师	道德与法制老师	初二
		敢于向不文明说“不”	人人反思自己的不文明行为，并指出周围同学的不文明现象	班主任和两名同学	初二
		五一劳动节“捡起一片纸，干净一座城”活动	走进大清河广场捡拾垃圾	班主任	初二2023年5月

3. 览凌云之胜

（1）发展目标

把为高一级学校输送德智体美劳全面发展的高素质人才作为重要任务，三年磨一剑，最后把梦圆。强化自主管理和小组合作运用，使其最大作用于最后冲刺。激励学生用爱国思想、远大志向和所学过的知识来武装自己，最后尽展凌云风采。

（2）实践做法

班级建设内容		活动安排	具体措施	组织负责人	实施时间
览凌云之胜	理想信念教育	进行红星广场拉综一日行活动	制订方案，师生徒步	班主任	初三
		开展“筑梦凌云”班级挑战活动	每人选一名同学作为挑战对象，下挑战书，立军令状	班主任	初三
		开展以“三年磨一剑，园梦在六月”中考誓师活动	拉横幅，定班级口号，激壮志	班主任	初三
	家校共育	组建班级家委会	定期召开会议，及时解决家长反馈的问题	班主任	初一初二初三
		举行家长亲子活动	和孩子一起完成一场趣味比亮，拉近距离，放松心情	班主任	初三

续表

班级建设内容		活动安排	具体措施	组织负责人	实施时间
览凌云之胜	体育与劳动教育	每人练就一项体育技能	初一选项目，开始练，初二练，成绩检测，初三验收	班主任和体育老师	初一初二初三
		能修理家电、做饭等	在家练习，班级演示	班主任	初一初二初三
	自主管理模式	每日一反思	语言陈述，可以口述，可以书面	班主任	初三
		制订初三学习计划	书面呈现，要具体，完成一项做标记	班主任	初三
	团队合作竞争模式	小组竞赛捆绑评比机制	4人一小组，捆绑式评价，合理奖惩，不让任何一个掉队	班主任和两名同学	初一初二初三
		互相学习，共同进步	组与组互相学习，组内同学互相学习	班主任	初一初二初三

五、班级建设特色

（一）润物无声，化人于文

发挥班主任是语文老师的学科优势，利用好语文主阵地，进行爱国主义、传统文化和文明礼仪渗透、熏陶，培养学生的爱国情怀和为民思想，立志高远，勇攀高峰。在语文综合实践活动中，提升学生文化素养。

（二）双线并行，羽翼渐丰

以学生为主体，以“自主管理”与“小组合作”为主线，一人一事，一组一单位，双向选择，捆绑式评价，“人人有事做，事事有人做”，且一荣俱荣，一损俱损，进而全面提升学生的综合素养。值日班长轮流值班，写值班日志，对个人能力的培养很明显，小组合作捆绑式评价在线上教学成效极为显著。

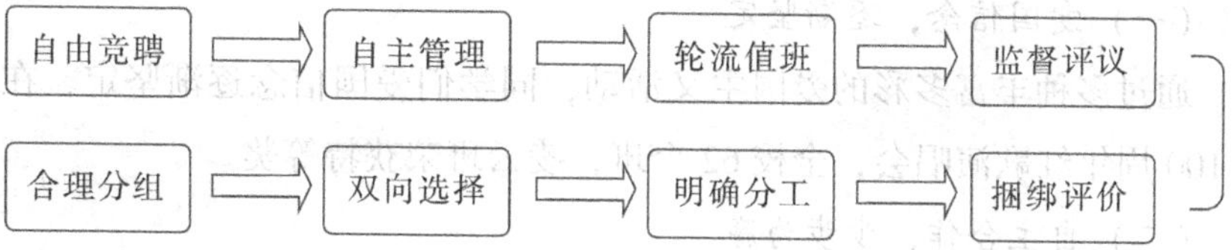

（三）模式运转，制度先行

制度名称	具体内容
一人一事制度	人人都有岗位权利，人人都有班级值班义务，提高学生自主管理能力。接受全体同学等级评价，C 级不过关，需要第二天重新值班和扣分
家校育人制度	建立健全班级家委会，收集家长困惑的问题，解决孩子们的成长教育问题
量化管理制度	小组内 BCD 号明确卫生纪律学习等分工，相邻小组 A 负责量化汇总加减分，以形成合作与竞争
奖惩评选制度	过程评价与总结评价结合，注重捆绑式评价
班级其他制度	因时制宜，因地制宜，因人而异，及时增减。如：疫情防控管理制度，安全教育制度和周清制度等

（四）紧跟时代，同频共情

珍惜现在国家发展的大好形势，学习领会国家发展的政策方针，永远跟党走，与祖国新时代的脉搏同频共振，用善于学习、乐于学习的精神带动引领学生，激励学生勤奋学习，用优异的成绩回报祖国，用创新的精神蓄力祖国！

六、育人成效

2021 级“凌云班”组建以来，认真学习相关文件精神，从城乡接合部学生实际出发，以丰富多彩的活动为抓手，探索学生“自主管理”与“小组合作”班级管理模式，经过近一年的管理与摸索，取得了显著的成效。

（一）爱国信念，逐渐坚定

通过多种丰富多彩的爱国主义活动，同学们爱国信念逐渐坚定，在建党 100 周年红歌演唱会，全校 62 个班，凌云班荣获特等奖。

（二）自主合作，步步为赢

从“尊重他人、乐于助人、自主自立、善于合作、勇于创新等良好品质”出发探索推行的“自主管理”和“小组合作”管理模式：每个同学都有了主人翁意识，对自己要求更加严格，能开动脑筋创新思维开展管理工作；小组捆绑式评价作用非常明显，尤其是线上教学，小组同学推陈出新，发现问题，积极主动想解决问题的办法，他们学会用演示文稿（PPT）等平台来别出心裁地汇报工作，用腾讯视频召开小组会议。涌现出一大批自律自强，善于合作，互帮互助的优秀人才。班级线上成绩扶摇直上，由原来的中游跃居 24 个班第一。“自主管理”与“小组合作”让学生步步为赢。

（三）家校协同，爱心同行

凌云班成立健全家委会，定期邀请家委会成员来给学生谈心聊天做游戏，老师做家长孩子的桥梁，家长做老师学生的纽带。借助于这种家校协同育人的方式，调解了 5 起家庭教育纠纷，挽救了 4 名手机控，解决了 3 名同学上课反复迟到问题。

附 件

班名解读

“凌云班”：“凌云”语出唐代诗人杜荀鹤的《小松》“时人不识凌云木，直待凌云始道高。”借此名喻指 2021 级 10 班 54 名学生虽入学不起眼，通过初中三年循序渐进的精心培养，达到个个尽展凌云志，人人均具报国才的目的。

自主与合作细节打磨之畅想未来篇

|第一部分|回首过去一路无悔

|第一节|助力学生青春圆梦

如切如磋 携手共进

——齐河五中举办小组合作材料观摩暨班主任经验交流会

“双减”大背景下，要达到提质增效的目的，高质量课堂建设显得尤为重要。我校不断探索并全面推行以小组合作教学为主的高效课堂模式。为了更深入地探讨小组合作的有效实施，12 月 17 日，齐河五中举办了小组合作材料观摩暨班主任经验交流会，分享小组合作学习的经验、心得，提出实施过程遇到的问题和困惑，共同交流探讨，寻找解决问题的最佳方案。

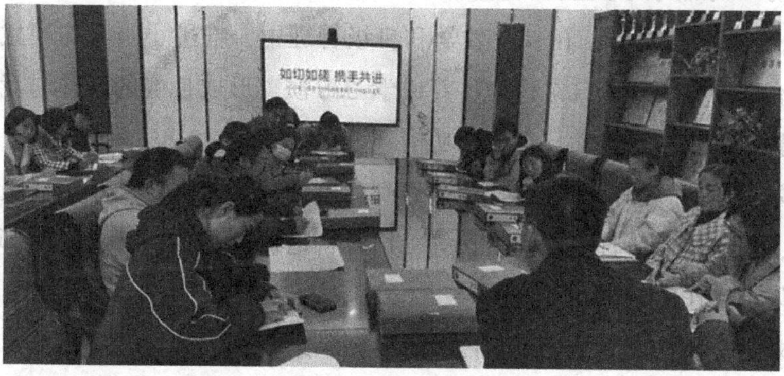

班主任观摩各个班级的小组合作学习材料，分享管理班级和实施小组合作的宝贵经验、优秀做法，提出班级管理中的问题困惑。集思广益、群策群力，寻找解决方法和改进途径。

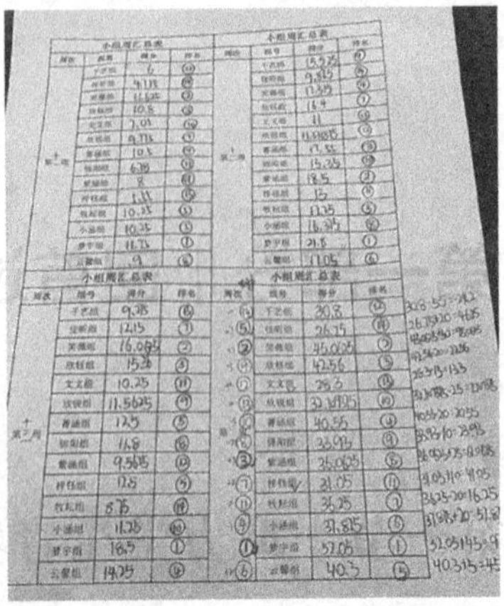

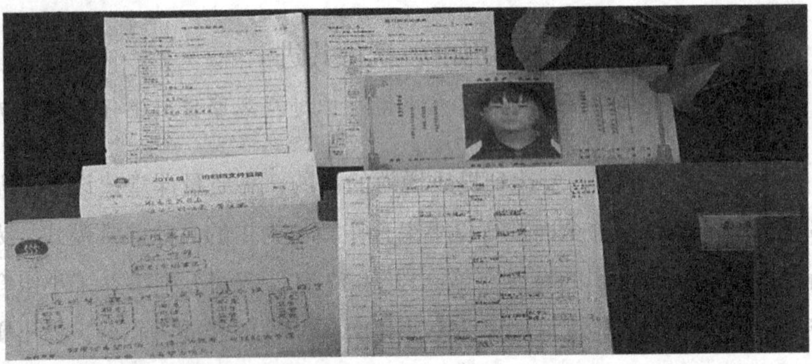

初一级部刘义珍主任首先强调了小组合作的重要性，指出：“组”是形式，“合”是核心，在日常教学和班级管理中，推进小组合作模式的应用，有助于学生规范日常行为、养成学习习惯，形成良好的合作与竞争机制，教师用好小组教学，会事半功倍。

刘主任就教师们在小组合作中遇到的困惑，如怎样调动小组成员的积极性，如何培养值日班长和组长等，结合自己班的具体做法，给教师们提出具体可操作的建议和措施。

刘主任还指出，全体班主任教师要把小组合作模式深入应用到日常工作中，提升每个孩子的存在感、归属感和荣誉感，真正实现评价从个人到集体，学生从他律到自律，班主任从管班到带班，促进学校教学和管理的全面提升。

通过此次交流活动，教师们收获颇丰，理顺了思路，对小组合作模式在课堂教学中的具体实施有了更全面、深刻的心得。教师们将带着所学、所感、所悟，在未来的教育道路上不断探索，共同成长，为孩子们的健康成长注入新的活力！

齐河五中初一级部举行小组合作学习暨学生自主管理阶段性总结表彰大会

在刚刚结束的第二次月考中，很多同学取得了可喜的进步，优异成绩的取得离不开每位师生的拼搏奋斗，也更得益于初一级部小组合作学习以及学生自主管理的实行。学生自主管理提高了同学们自我管理的意识和能力，充分调动和发挥同学们的主动性、积极性和创造性，培养和提高了同学们自主学习、自我发展的能力，而小组合作学习提高了单位时间中同学们的学习、交往、表达的频度与效率，优势互补，培养了大家的合作精神，提高了解决问题的能力。

为了总结经验、表彰先进、找出差距、齐头并进，12 月 19 日晚，初一级部在阶梯教室召开“小组合作学习”暨“学生自主管理”阶段性总结表彰大会。

为优秀小组、进步小组、优秀班干部、优秀学生会颁发荣誉证书

优秀组长代表初一十六班王荆昀同学发言　优秀班长代表初二七班房立杰同学发言

良好习惯 我在培养

面对丰富却多变的青春期和中学时代，中学生只有认清形势，提高认识，自觉抵制不良影响，处处以一名新时代的合格中学生为标准，才能真正地踏出中学时代的第一步，才能不愧对青春所赋予的价值。“专门谈优点是救不了自己的，只有认清缺点，才可以自救。”以前养成的陈规陋习我们要抛却，优良的举止谈吐我们要培养，旧貌换新颜，我们正改变！

每周的班会课紧紧围绕“行为习惯”四字开展，班主任以不同的活动形式——或警醒故事、或励志短片，规范学生行为，旨在培养良好的学习和生活习惯，让每一个学生都能遇见更优秀的自己。听到起床号开始晨起，自行洗漱整理内务，在食堂整齐有序就餐，在教室里做到“入则静、静则学”，上课竖耳倾听，重点圈点勾画记，课后及时复习巩固，同学之间互助友爱，对老师尊重可亲，午晚休安然静眠，每日充实而有力的中学生活，才是对中学时期的青春最好的交代。“一块抹布看管理 狠抓习惯促养成”的主题班主任会强调从一块抹布看细节管理，督促良好习惯养成。旨在培养班主任，如何将工作做到极致，细节问题怎么发现、怎么解决、怎么维持，怎么让学生行为习惯规范到最佳，为班主任工作展开了新的一页。

为了更有效地服务和规范学生行为，便于学生管理，增强学校活力，有利于全面贯彻教育方针，学校还组建了学生会组织，主要有三个部门——纪检部、卫生部和宣传部。纪检部随时随地监督学生的举止和谈吐，卫生部准时检查卫生情况以确保干净的学习环境，宣传部上传下达学校精神和学生情况，让学生通过多种活动，利用自我教育形式，互相帮助、监督，共同进步。

第二节 | 搭建教师成长舞台

高效合作 我在引航

小组合作能很好地调动学生的学习自主性，是有明确责任分工的互助性学习。小组合作学习将班级授课制条件下学生个体间的学习竞争关系改变为组内合作、组间竞争的关系，将传统教学与师生之间的单向或双向交流改变为师生、生生之间的多向交流，不仅提高了学生学习的主动性和对学习的自我控制，提高了教学效率，也促进了学生间良好的人际合作关系，促进了学生心理品质发展和社会技能进步。同时，还让彼此本陌生的组员们跳过了彼此陌生互相试探的阶段，向小组核心靠拢，团结性的提高更是让每个小组在短时间内成为不可分割的小整体，组间竞争使整个班级激励奋进，形成积极向上的大格局。

刘义珍主任在全体教师会上重点强调了小组合作模式的研究问题，初一的教学将把小组合作作为教学活动开展的主要载体。级部成立了以刘义珍主任、张爽副主任为组长，赵艳老师，陶敏老师，吴君老师和冀芬老师任组员的小组合作研究小组，分班主任和学科教师两条研究线同时进行。并号召在集体备课时间，着重探讨如何利用小组合作来突破重难点，使小组合作教学模式越来越高效、方便地服务于教学。让小组合作不仅停留在口头，更着眼于多方探讨和有力实践，收集资料整理成宝贵文字，为今后的教学模式探索指明方向。

班主任会上，吴君老师分享了 16 班的小组合作利用模式。16 班的小组是以促进学生的学习和身心发展为首要目标，在成绩强弱搭配的基础上，根据性格、学习方式等的异同进行微调的人性化安排。对每小组的核心人物——小组长，更是别出心裁地管理和培养。家长会上由家长亲自为组长佩戴组长证，加强了小组合作模式的仪式感和组长的自豪感。另外，还给组长放权，给组员家长开家长会，大胆展现其身为组长的管理能力和一定权力。调动学生学习积极性是一个永恒的问题，吴君老师采取了等级加分制，并注重稍落后学生的提问与交流，让相近生、互补生结伴学习，大大地提高了学生的学习兴趣。每两周进行一次小组评价，每次的不同形式奖励，更是加强了对学生学习动力的激发。

每周一次的以分管领导和备课组长为核心的集体备课，有效促进了同学科教师们彼此间的交流与相互学习。备课组长对整体教学流程、教学进度总体把控，对每一个教学重难点集体商讨出最佳的教学方式，对习题的选择和高频考点及易错点的处理方式选择，这每一环节都是高效课堂的有力保证，也是对学生教育的重大责任。

班主任和各科的任课教师是每一个班集体成长的领路人，这个小集体的交流是教育好每一个班集体的关键一环。为此，级部常常举行班教导会，各科教师彼此交流处理课堂和课后问题的方式方法，更有效地解决班级学生问题，用更高效的措施促进了学生获得长足进步。

每个班集体，每个小组都有自己个性的标榜，不同的班级名称、不同的小组名称、不同的榜样形象凸显出孩子们灵魂丰富的模样，向着榜样的方向，奏响有力的青春号角。这！就是我们“榜样的力量”！

第二部分 立足当下收获满满

社会认可的五中人

唯有脚踏实地，方能坚定前行

——齐河五中“务实高效、精细管理”工作纪实

齐河县第五中学作为齐河县重大民生工程，坐落在美丽的大清河风景区，自2013年9月成立以来，以其坚实有力的步伐加速走过了五个春秋，取得了可喜的成绩。回眸审视所走过的路程，我们感到欣慰和高兴。在社会各界的关心支持下，在县教育局的坚强领导下，建校五年来，齐河五中一步一个脚印，一年一个台阶，学校先后被评为山东省规范化学校、全国青少年足球特色学校、德州市第一批中小学教育管理示范校、德州市心理健康教育特色学校、德州市党史国史教育示范校、全县教学工作先进单位、全县教科研工作先进单位等荣誉称号。

2017年10月，李军校长上任伊始，针对学校发展的现状和问题，找准学校发展的突破口，制定战略规划，提出了“求真务实搞教学，全面发展强管理，聚精会神抓质量”的口号，从“务实”“精细”入手，狠抓教育质量，实现了学校新的跨越。

一、细化管理，创建平安和谐校园

潮平岸阔，风正帆悬；大清河畔，水光潋滟！

改进会风，增强管理针对性。齐河五中校长李军认为，一所学校要发展，必须重务实重细节。为此，学校首先改进会风。学校校长办公会走出会议室，走进教学现场，走进老师和学生中间，由会议室转移到教学楼。一年来，三个级部分别承办了办公现场会，根据不同的主题，展示级部工作的开展情况，尤其是亮点工作。以务实、民主、高效、接地气的会风，加强了级部之间教学管理经验的交流，充分凝聚和发挥群体的智慧和力量。

定点管理，重细节严防控。学校成立了四位次（即学校的四个关键位置和校级领导、中层干部、班主任、学生会成员四个层次）值班领导小组，制定了校务值班规范，及时发现问题和排查安全隐患，将问题消除在萌芽中。

营造风清气正的校园环境。学校还成立了“校园周边环境综合治理小组”，联合城区派出所、城管局和交警大队，集中治理校园周边环境，尤其是学生晚上放学时段，由青年教师志愿者组成的巡防小组进行夜间巡查，并为学生配备了反光衣，保证师生离校安全，受到了路过市民的好评，营造了风清气正的校园环境。

二、多措并举，促进教师专业成长

仰之弥高，钻之弥坚。学校积极构建以促进教师专业发展为中心的学校目标管理体系，使有相应才能的人处于相应能级的岗位上，各司其职，各尽其能，发挥个人应有的整体效能，创建人人有任务，人人有目标，人人都幸福的工作环境。

机制保障，提高教师幸福指数。学校通过教代会，对与教师切身利益相关的制度，进行修订、完善。这包括：《齐河五中教师职称晋升评分细则》《齐河五中教师综合考核办法》，体现“干多干少不一样，干好干坏不一样”。并且在制度的修订过程中，充分发扬民主，让教师们真正认识到了学校领导班子民主、公正的工作作风，调动了教师的工作积极性，真正在学校内部营造了和谐、向上的良好氛围。五中的每位管理者，都将自己的身份定位为“服务者”和“引领者”。在硬性的制度管理中处处体现人情味。多方协调，解决教师子女就近入学问题；学校还实施了“五中宝贝工程”，安排专人接教师的子女放学并辅导作业；每年组织女教工检查身体等。积极为教师们办实事、做好事、解难事。人性化的管理和领导的模范带头作用，促使教师热爱学校，感恩奉献，激发了教师们的工作动力。

多元培养，强化教师队伍建设。学校狠抓干部队伍、班主任队伍和青年教师队伍三支队伍建设。五中青年教师人数众多，学校十分重视青年教师培养。2017 年 11 月，成立了“青年教师成长俱乐部”。31 位青年教师，每天有听课和反思，每周二晚上集中学习研讨，并且校长参与整个过程。学校对全体青年教师提出了 7 大量化考核细则，学期末进行评比、表彰。实践证明，青年教师在“俱乐部”中得到了很好的锻炼，很多青年教师迅速成长为学校骨干教师，为学校可持续发展奠定了坚实的基础。

立足教研，打造魅力高效课堂。学校成立了三个集体备课室，配齐设备，每个级部固定使用一个。既便于参与，也便于监管。为增强集体备课的实效性，一是落实半天无课日，确保参与时间；二是规范了集体备课的程序，建立了以说课为平台的集体备课制度；三是各分管校长明确分工，参加分管学科的教研活动，切实增强了教学研究的实效。每学期伊始，先进行优秀教师的示范课，随后进行全员评价课。去年以来，学校大力推进小组合作学习，并取得了丰硕成果。围绕小组合作学习，我们不断探索与实践，通过召开专题现场办公会等活动，展示各级部小组合作学习成果。新学期学校成立了教学监控中心，专职负责教师的教学常规及课堂监控和质量分析。

三、全面发展，培植学生德育特色

苗盼雨露滋茎叶，春催桃李吐芬芳。学校通过丰富的学生活动，促进学生全面发展。

丰富社团活动，开展研学实践，提升学生幸福指数。学校现有足球、篮球、乒乓球、陶艺、金工、种植、武术、科技创新、国学教育等20多个学生社团。每周四下午两个多小时的时间进行活动。学校组织学生到省科技馆、省博物馆、山东大学研学，开阔了视野，增加了知识，激发了学习的积极性。学校还利用每天晚饭后小自习时间，组织学生集中观看《中国诗词大会》《中华好诗词》等节目，课间操后进行优秀诗词诵读，清明节到烈士陵园祭扫先烈，到“大清河”进行环保、爱家乡教育。元旦晚会展示了师生的青春阳光，朝气蓬勃的精神面貌。

举行形式多样的各项德育活动。立足“大清河”，进行环保、爱家乡教育，得到了社会的好评。元旦晚会集中展示了师生的精神面貌，青春阳光，朝气蓬勃。师生包水饺活动体现了学校对学生的关爱，加强了学生之间的团结与交流。

对初三毕业年级进行一系列主题教育活动：通过召开誓师大会、校长寄语、毕业送行等主题活动，将母校的深情厚谊和全体师生的温情祝福给予毕业生无限的力量，激励毕业生勇往直前。开展一系列活动旨在进一步增强毕业生不忘师恩、情系母校的情感和意识，特别是全体师生送行毕业生这一活动在该校目前已逐渐形成了独具五中特色、承载五中文化内涵、塑造五中情怀的活动，此举得到了广大毕业生的情感认同，也受到了社会的广泛关注。

回首过去，5年的拼搏进取造就了一支爱岗敬业、乐于奉献的教师队伍，展望未来，面对新的挑战与机遇，全体五中人不忘初心，逐梦前行，以更加饱满的热情、更加务实的作风、更加有力的举措，共同铸就崭新的“五中梦”。

《齐鲁晚报》

第三部分 踔厉奋进　一起向未来

踔厉奋发开新局　笃行不怠向未来

——2022 年 2 月开学工作会议讲话

老师们：

新年伊始，万象更新，我们刚度过了一个平安愉快的寒假，又满怀希望地迎来一个生机勃勃的春天，我谨代表学校向各位老师致以新年的问候和美好的祝愿！祝大家阖家幸福、工作顺利！

今天我们召开新学期全体教职工大会，就是要收心归位，进一步明确目标、理清思路，为新的一年开好局、起好步，精准发力。这个学期是非常短的一个学期，四个月的时间，时间紧压力大，面对繁重和多变的管理任务。真的是开局就是决战、起步就是冲刺。

一、辉煌灿烂的 2021

在齐河发展的大好形势之下，我校各方面的工作也取得了长足发展，大校强校的口碑进一步树立起来。

（一）学校基础建设方面

我们为 62 间教室都更换了护目灯，安装了标准升降桌凳，每座教学楼内装修建立了读书角，对教学楼外墙进行了粉刷，安装了实物投影，打造了录播室，修建了新的车棚，投资 2000 多万新建宿舍楼，暑假后启用，风雨操场、综合报告厅正在规划建设中。校容校貌正在发生着巨大的变化。

（二）学校教师荣誉方面

2021 年度我们连获省市县各级表彰，累结硕果，频传喜讯，我们相继获得“山东省家校协同育人先进集体”“山东省心理健康教育先进单位”“山东省名班主任工作室”“德州市第一批基础教育名校”“德州市体育特色学校”“全市公共节能工作表现突出集体”“德州市关爱下一代教育基地”“齐河县教体系统先进党组织”“教育改革创新先进单位”“教育教学先进单位”“优秀学科教研组”等荣誉。魏铭泽荣获“山东省优秀少先队辅导员”称号，李呈清荣获“山东省心理健康教育先进个人”称号。

（三）教育教学方面

2021 年我校实现了教育教学的大丰收，赵琨、刘洪军、王莹莹等老师的文章或课题荣获国家级、市县级一等奖，张爽老师获评齐河县首届教坛新秀，张延云老师当选齐河县首届骨干教师，邓桂珍、刘义珍、魏铭泽、底桂荣、索东青等老师入选齐河县首届学科带头人，在全县教学基本功大赛作业设计展评中，赵珊珊、姚楠楠、李建雯、吴君、索东青、高丽美等老师带领本学科组获得一等奖。

这些成绩的取得，靠的是全体教职工务实地工作、勤奋地钻研和默默地付出，大家辛苦了，每个人都很了不起。面对成绩我们心怀喜悦与自豪，面对明天我们又踌躇满志、信心百倍。

二、充满希望的 2022

老师们，我们马上就要迎来崭新的学期，再次踏上奋斗的征程，五中的发展是全体教职工群策群力、精诚团结的结果，将成绩继续提升，将爱的教育发扬光大，续写五中辉煌仍然要靠大家齐心协力、勤勉奉献。开局关系全局，起步决定后势。眼界决定境界，思路决定出路，格局决定结局。

（一）新学期工作重点

加强学生校舍的安全管理。学校后勤科室要经常深入各班级、各宿舍对房屋主体、公共设施及电线电路加强检查和维修，必须要有高度负责的主人翁意识，防止如电线老化、裸露现象，防止水管破裂和房屋漏水等现象的发生，发现有安全隐患后必须及时上报解决，千万不能有等靠和依赖思想，该维修的、该更换的必须立即维修和更换，绝不留任何安全隐患。加强校园周边治理的管理。督促保安人员定时开展治安防范巡逻；严格学校门卫管理和值班保卫工作。

坚定不移地抓教学质量的提高。教学质量是衡量一个学校的硬指标，是社会认可学校最重要的标准。成绩是决定一个学校发展的命脉。否则，教学楼、办公楼再漂亮，教学设施再先进，家长也不会选择。我们虽然在教育教学方面取得了一定的成绩，但不能故步自封、躺在功劳簿上睡大觉，我们还不到刀枪入库放马归山的时候，必须自我加压，切实增强做好教学教研工作的紧迫性，努力实现学校的稳步提高和发展。深化课堂改革，对接高校名校，名师，有经验就学有短板就补，请进来送出去，在国家双减政策的推动下，我们的思路和思想必须要改变。2021年基础教育提出的两个比较重要的事就是五项管理和双减，三个回归和去除三种异化，让教育回归学校，让学校回归育人，让学生回归成长。去除社会的功利化，家长的焦虑化和教学的应试化。关于高效课堂。导——课堂起点，一堂高效的课堂，应激起学生这个学习主体的兴趣和思考，要求教师精炼语言抓住学生的心。思——研读深思、自主学习、钻研教材、理解教材、仔细琢磨教学的重难点，将教材有机整合，根据学生的实际情况精心设计，学生拿到提纲后会迅速地积极参与，充分地自主深思起来，学生渐渐养成了主动学习的习惯，老师讲的多了，就会养成学生不动脑筋的习惯，被动地听课，还容易犯困，必然影响学习效率。议——小组讨论，合作互学。任课教师引导学生合作探究，使他们在对学、小组交流中进行思维碰撞，既发散了自己的思维，也可以在交流与探讨中汲取组员的智慧。合作就兴奋，一兴奋就产生灵感，一谈论就碰撞，一碰撞就产生火花，相互交流，不仅帮助理解也能加深印象，所以学生谈论产生的效果和教师讲解带来的效果是不可同日而语的。展——激情踊跃，展示所学。在小组讨论中老师认为重中之重的问题，一题多解的问题，还要展示易混点，展示的问题应具有典型性，能在小组内解决的问题就不要展示了，不要白白浪费时间。学生是主角，教师不要急于当救世主，启发和鼓励他们大胆地发表自己的见解，大胆地质疑、挑战、补充、完善。评——老师可以走到前台，点评精讲学生在展示中暴露出来的问题和学生通过探究仍不能解决的问题，然后讲规律、讲思路、讲方法、讲线索、讲框架。检——检测反馈，内化所学。反思总结、自我评价。练——巩固迁移，学以致用。联系实际、习题进行巩固训练。教学监控中心要对提高教师业务能力提供活动方案，外出培训，业务考试，导学案设计要根据学情，难度适中、题量适合，实用性强，好操作。知识点设计有层次、有联系、有变化。要从多题中找规律，做总结，一题涵盖更多的知识点。让导学案在课堂上真正发挥作用。能装订成本比较好。教研处的集体备课要落到实处，资源共享，减轻备课负担。学校做好引领助推，集体备课要深入研究课到底怎样上。具体到每一个例题、习题，基础题、拓展题，层层递进。开学分工、任务到人，领导参与、过程监控，展示交流、形成成果。备课组共同研究，确立有广泛运用价值的导学案。

重视活动的育人价值，达到立德树人的效果。什么是好的教育，既有出色的分数，又有浪漫生活的教育。注重课堂效率，每个孩子都是独一无二的，尊重他们的差异性。团委，教育处、级部，学校要组织有意义有价值的学生团队活动，对于班级建设有好的助推作用。学校组织的活动，各班要积极引导学生参与。在参与的过程中，培养学生的合作精神，增强班级凝聚力。能让全体学生参与的活动，让学生全体参与，以充分发挥活动的育人价值。学生发展中心组织的社团，学生学到了什么？学会了什么？形成特色和品牌，高品质、高内涵，高能力的特色课程，充分挖掘自身和学生潜能，独创班级建设活动。充分挖掘活动的教育价值，打造特色班级。足球特色，体育特色，中考要求孩子们掌握1~3项体育技能。以活动为载体，形成品牌固定传承下来，大阅读、大合唱、英语和语文的课本剧等。要落实家校共育，利用家长委员会加强对家长的心理健康教育指导，为学生营造出良好的学习心理氛围，指导学生学会正确应对各种挑战和困难。排查特异心理特质的孩子。把教育满意度当做学校发展的晴雨表，一所学校没有满意度，发展也是无源之水、无本之木、空中楼阁。让家长们多参与到学校的管理工作中，积极为学校发展建言献策，为学校发展助力。

持续打造学校文化，把“有爱的教育，如家的校园”作为我们的学校文化来建设。在坚持原则守住底线的基础上，尽量照顾到老师们特殊情况，全力解决老师们的后顾之忧，积极为老师们办实事、做好事、解难事。努力为青年教师搭建平台，促进青年教师的成长。同时，新学期我们将继续扎实开展好社团活动和研学实践，让学生开阔眼界、全面发展。创新思路，举行丰富多彩、形式多样的德育活动，真正提高学生综合素质，促进学生全面发展，为学生终身发展奠基。

（二）几点要求与大家共勉

大局担当勇创新。一个学校的领头羊很关键，加强干部队伍建设，实行干部聘任制。能者上，庸者下，平者让。领导干部要带着大家干，干给大家看。必须精诚团结、顾全大局。要敢担当、重执行。敢担当，就是今后各项工作的推进，谁分管、谁负责、谁拿主导意见。对分内的工作，大家要敢于担当负责、敢抓敢管，大胆拍板、大胆决断。要坚持有解思维，对工作中遇到的问题，要多思考、多研究，拿出切实可行的解决办法，拿出最佳方案，不要只出题目没有答案。

团结一心向未来。同心共筑五中梦，齐心捍卫尊严，实力赢得未来。一群人，一件事，一起拼，一定赢。同一个团队同一个梦想，每个人都很重要，我们带好自己的班，教好自己的课，管好自己的事。在前几天进行的亚洲杯女足比赛中，中国女足 3∶2 战胜韩国夺冠，三天内两次实现史诗级大逆转，在大比分落后，对手实力强劲，普遍不被人看好的情况下，中国女足咬牙坚持，拼尽全力，绝境爆发，最终赢得一场酣畅淋漓、荡气回肠的胜利。中国女足的夺冠之路并不平坦，靠的是相信自己的冲劲，顽强拼搏的韧劲，团队合作的拼劲，困境中不服输的干劲。从中国女排，到现在的中国女足，她们身上无不体现着“拼搏”“奉献”“团队”“顽强”这些闪光的、永不放弃的“铿锵玫瑰”精神，希望我们每个五中人也用这些精神勉励自己，武装自己，相信五中的明天，必定更加辉煌！

老师们，一代人有一代人的担当，一代人有一代人的使命，我们的担当和使命就是让齐河五中这所学校成为别人仰慕的学校，让我们在座的每一个人都成为别人心中仰望的对象。在新的一年里，让我们踔厉奋发开新局，笃行不怠向未来！

贾张杰

2022 年 2 月 12 日